Ted Gaier schreibt als teilnehmender Beobachter über Proteste in Athen und Prag oder den Widerstand einer Hausbewohner:innenschaft gegen einen Großinvestor. Er berichtet von strukturellem Rassismus im Theater- und Medienbetrieb sowie Marketingmethoden im Musikbusiness. Er fragt am Beispiel der Band Ton Steine Scherben nach Mustern linker Geschichtsschreibung und in Artikeln über Robert Görl von DAF oder den Monks, was frühere Avantgarden ausmachte. Außerdem geht es um die Geschichte des Mainstreampops in Rumänien, elektronische Musikfestivals oder die Kunst von Mariola Brillowska. Gaier vermag gesellschaftliche Entwicklungen mit popkulturellen Phänomenen zu erklären. Zugleich hinterfragt er seine Biographie und seine Arbeit mit den Goldenen Zitronen und dem Performancekollektiv Schwabinggrad Ballett. Sein solidarischer Blick auf die Welt, die Offenheit und Klarheit, die Ironie, aber auch die Selbstzweifel des Künstlers und Aktivisten machen diesen Band, der Texte aus den letzten 20 Jahren versammelt, aus.

Ted Gaier, geboren 1964 in Stuttgart, ist seit 1983 vor allem in Hamburg, zeitweise in Prag, München und Berlin ansässig. Er ist Mitbegründer der Band Die Goldenen Zitronen und seit 1984 als Instrumentalist, Komponist, Texter und Co-Produzent tätig. Seit 1998 ist er in Theaterzusammenhängen als Performer, Musiker und in konzeptioneller Funktion aktiv. Seit 2010 arbeitet er regelmäßig zusammen mit der deutsch-ivorischen Performancegruppe Gintersdorfer/Klaßen. Des Weiteren ist er als Regisseur für Video-Clips (u. a. Sterne, Goldene Zitronen, F.S.K.) Musikproduzent (u. a. von Chicks on Speed und Schnipo Schranke), Freier Autor (u.a. Spex, WOZ, taz, Die Zeit) tätig. Als Filmkomponist des Films »Das Milan-Protokoll« von Peter Ott wurde er mit dem Preis der deutschen Filmkritik 2018 für die beste Musik ausgezeichnet. Seit 1999 ist er Teil des politaktivistischen interventionistischen Performancekollektivs Schwabinggrad Ballett.

TED GAIER

ARGUMENTE-
PANZER

VERBRECHER VERLAG

Erste Auflage
© Verbrecher Verlag 2020
www.verbrecherei.de

Satz: Christian Walter
Druck: CPI Clausen & Bosse, Leck

ISBN: 978-3-95732-426-9

Printed in Germany

*Der Verlag dankt Jessica Finger, Lealina Grün,
Theresa Meschede, Franca Pape und Sara Trapp*

I.

11 **Der grimmige Jahrestag**
Griechenlands Linke seit der Ermordung von
Alexandros Grigoropoulos

21 **Die Schwarzkopie im Weißenghetto**
Anta Helena Reckes Inszenierung von »Mittelreich«

27 **»Hört mal, ich habe eine weiße Oma«**
Interview mit der Spoken-Word-Ikone Ursula Rucker zur Bedeutung
eines Schwarzen Präsidenten nach der Nominierung Barack Obamas

33 **Gefangen in der Gruselprojektion**
Rumänien im Off des Westens

42 **Ey Bayern, checkt das: Tanke bleibt!**
Der Kampf gegen Gentrifizierung am Beispiel der Esso-Häuser
in Hamburg-St. Pauli

50 **Ich würd's so lassen**
Die ewige Debatte um die Rote Flora, dem ältesten besetzten
Haus Deutschlands

53 **Ein Tag Prag**
Die Kämpfe gegen die IWF- und Weltbank-Tagung nach den
Ereignissen von Seattle

60 **Andacht in Klanggewittern**
Das Sónar-Musikfestival in Barcelona im Jahr 2000

67 **Logisch ist das völlig Panne**
Die Jägermeister Rock Liga. Marketing für Fortgeschrittene

II.

77 **Ton Steine Scherben – Die Sache mit Früher**
Oder wie kann man eigentlich über Freiheit reden?

88 **Monks**
Von einer Kulturrevolution im schwarzen Loch der Pop-Geschichte

95 **Ich und Ich in der Wirklichkeit**
Und die stufenweise Entkörperlichung des Maschinisten Robert Görl

101 **Stereo Total**
La musique communistique, le communisme érotique

105 **Kunst hilft. Was ist Snoopiekult?**
Die Hamburger Künstlerin Mariola Brillowska gibt mit einer Ausstellung Auskunft

109 **Neues vom Wettermann**
Zum Erscheinen von Bob Dylans Autobiographie »Chronicles«

115 **Der Panikpräsident**
Udo Lindenbergs Comeback, muss das sein?

118 **In den Wahnsinn, Mensch!**
Von der beängstigenden Marktmacht der Herren Westernhagen und Grönemeyer

125 **Das Die, das Wir. Das Ich und die Kolossale Jugend**

128 **1000 Robota**
Guten Menschen kommen oft die Tränen

131 **I also said suck my dick in front of a lot of peole**
Zum Tod des US-amerikanischen Musikers Wesley Willis

135 **Danke, dass Sie hier nicht ausbrüten**
Chris Korda – House-Produzent, Religionsstifter, Antihumanist

III.

151 **Munich – München in drei Lebensabschnitten**
160 **Im Zentrum des rasenden Stillstands**
     Die US-Tour der Goldenen Zitronen Anfang 2002
171 **You won't fool the children of the revolution**
     Die unterschätzte Bedeutung der Glamrock-Band Sweet
175 **Nicht in diesem Memorandumton**
     Der Widerstand gegen das zweite große Sparpaket
     im Februar 2012 in Athen

IV.

187 **Raus aus der Klasse, zurück in die Klasse**
188 **80 Millionen Hooligans**
190 **Das war unsere BRD**
192 **Gebt doch endlich zu, euch fällt sonst nichts mehr ein**
194 **Gevatter Böhm erzählt**
196 **Der Bürgermeister**
198 **Der Investor**
200 **Die Axt**
201 **Es nervt**
203 **Die alte Kaufmannsstadt, Juli 2017**
208 **Unter der Fuchtel des Unterbewussten**
211 **Immer diese Widersprüche**
213 **Ich verblühe**

215 Editorische Notiz

I.

Der grimmige Jahrestag

Griechenlands Linke seit der Ermordung
von Alexandros Grigoropoulos

Vor zehn Jahren erschoss ein Polizist in Athen den fünfzehnjährigen Alexandros Grigoropoulos. Das Ereignis erschütterte und veränderte die griechische Gesellschaft nachhaltig.

7. Dezember 2018. 8:30 Uhr am Exarchia-Platz, Athen. Dem Ort, an dem sich sogenannte Angehörige der anarchistischen Szene eine ganze Nacht lang eine Schlacht mit der Athener Polizei geliefert haben. Die Fotografin Zoe Hatziyannaki und ich schwärmen aus, um uns die Resultate des ritualisierten, kampfsportlichen Kräftemessens anzusehen.

Diese Der-Morgen-Danach-Situationen nach Riots erinnern mich immer an meine Teenagerzeit, als man bei einer Party die elterlichen Buden in Schutt und Asche gehauen hatte und dachte: Jetzt ist alles aus und zerstört, nicht zu reparieren. Und dann, wundersamerweise war die bürgerliche oder kleinbürgerliche Ordnung nach ein paar Stunden des Putzens doch wiederhergestellt.

Tränengas liegt in der Luft, ein paar wenige Haufen von zusammengefegtem Schutt qualmen noch. Außer drei skelettierten Mopeds, diversen angekokelten Müllcontainern und einem komplett abgebrannten Kleinwagen – weiß der Teufel, warum der hier stehengelassen wurde, hatten doch quasi alle Bewohner:innen des Viertels wohlwissend ihre Autos in Sicherheit gebracht – gab es nicht viel zu zerstören. Es schien darum zu gehen, Massen von Molotow-Cocktails, Steinen und sehr weitreichenden Leuchtraketen gegen vollverschalte Polizeibeamt:innen zu feuern und dafür mit Tränengas-Kartuschen beschossen zu werden oder in einem Scharmützel den einen oder anderen Polizeiknüppel zu spüren zu bekommen, um dann eventuell verhaftet zu werden.

Alle hier kennen das Ritual des 6. Dezembers, das sich vor zehn Jahren zu dem anderen wichtigen Jahrestag für militante Straßenkämpfe gesellt hat. Dem des 17. Novembers, dem Tag des Massakers der Junta an den Besetzer:innen der Polytechnischen Universität im Jahr 1973. Ladenbesitzer:innen waschen mit Gartenschläuchen den Ruß und das Tränengas vom Asphalt. Um die Ecke kommen Gelbwesten der anderen Art und beginnen ihre Schicht. Eine Frau des rekrutierten Reinigungstrupps sagt: »Lasst uns erst mal eine Zigarette rauchen, und dann fangen wir gemeinsam an.« Die anderen sind ungeduldig, die Frau störrisch: »Also ich werde definitiv erst mal eine rauchen.«

Unweit des Exarchia-Platzes wurde am 6. Dezember 2008 Alexandros Grigoropoulos kaltblütig von einem Hilfspolizisten erschossen. Der Tod eines fünfzehnjährigen »Jungen aus gutem Hause«, wie es immer heißt, wurde zum Symbol. Nach seinem Tod organisierten sich Leute mit unterschiedlichsten Anliegen schlagartig, bevor ein knappes Jahr später das begann, was »die Krise« genannt wird – eine Bezeichnung, die viele nicht mehr hören können. Schließlich besteht das Wesen einer Krise darin, dass sie dann auch mal wieder vorbeigeht. Aber diese Krise geht nicht vorbei. Damals begannen der Widerstand der »Generation 700 Euro« und der Aufstieg des losen Bündnisses Syriza. Zehn Jahre später und nach vier Jahren Syriza-Regierung schweigt der Großteil derer, die jetzt die »Generation 300 Euro« genannt werden, bei einer Jugendarbeitslosigkeit von nahezu 40 Prozent.

Nach all dem Hin und Her, dem Schock der Krise, der Wut über die Austeritätspolitik der Schäublianer:innen und über die eigenen Eliten, der Hoffnung, es gäbe doch eine Chance für eine solidarische, wirklich linke Politik im parlamentarischen System und der totalen

Desillusion, erstaunt mich, wie politisiert weite Teile der Bevölkerung nach wie vor sind.

Ich erinnere mich an den Februar 2012. Auf dem Höhepunkt der deutschen Antigriechenlandpropaganda waren wir mit dem Agitprop-Kollektiv Schwabinggrad Ballett nach Athen gefahren, um Teil des Widerstands gegen die von »unserer« Regierung verbockte Politik zu sein. Mit Interventionen auf Demos und vor der Deutschen Botschaft und einem Blog versuchten wir, Gegenöffentlichkeit zu schaffen zur immerwährenden »Faule Griechen«-Rhetorik vieler deutscher Politiker:innen und Pressevertreter:innen.

Ich erinnere mich an diesen Tag, an dem Zigtausende gegen das sogenannte Zweite Memorandum demonstrierten, während die Parlamentarier:innen über ein 2000-seitiges Sparpaket abstimmen sollten, das sie quasi erst am Vorabend zu Gesicht bekommen hatten. Eine riesige Menschenmenge – man sprach von der größten seit Ende der Junta – harrte stundenlang vor dem Parlament aus. Frauen in Pelzmänteln neben Blue-Collar-Arbeiter:innen, ergraute Intellektuelle und Vorstadtkids. Ein Querschnitt durch die griechische Gesellschaft. Die meisten ausgestattet mit Gasmasken, die es zu dieser Zeit an jeder Straßenecke zu kaufen gab. Bei jeder Tränengastirade zurückweichend und dann wieder im Vorrücken den Slogan skandierend: »Wir sind Kakerlaken, wir kommen immer wieder.« Das Ganze dauerte acht Stunden und endete mit Parteiausschlüssen von jenen Angehörigen etablierter Parteien, die sich weigerten, die Vorgaben der sogenannten Troika durchzuwinken.

Ich erinnere mich an Stadtteilkonferenzen, wo ganz praktisch Strukturen aufgebaut wurden, z. B. eine Hotline, bei der man fachkundige Leute anrufen konnte, die einem halfen, den Strom illegal wieder angeschaltet zu bekommen. Oder wo der Direktvertrieb von landwirtschaftlichen Produkten organisiert wurde, um sowohl die Lage auf dem Land als auch die der verarmten Stadtbewohner:innen zu verbessern. Die Armutsrate begann damals in die Höhe zu schnellen und liegt heute bei Rentnern:innen beispielsweise um die 75 Prozent.

Für alle meine Gesprächspartner:innen, die sich auf die eine oder andere Weise als Teil des linken Spektrums beschreiben lassen, war der Dezember 2008 der Beginn dieser Selbstorganisation von unten. Ein Aufbruch in eine neue Idee von Politik jenseits der eingetretenen parteipolitischen oder fundamental-anarchistischen Pfade. Überall im Land und auch in den Vorstädten von Athen entstanden Assemblys, in denen die Nachbarschaften anfingen, über ihre Probleme zu reden.

Es konnte passieren, dass beispielsweise Leute aus einem kleinbürgerlichen Viertel mit Anarchist:innen und Fußballfans über die Kommerzialisierung ihrer öffentlichen Plätze zu reden begannen. Migrantische Gruppen wie rechtlose Reinigungskräfte und Straßenverkäufer:innen traten zum ersten Mal als eigenständige Akteur:innen auf. Was mit der Empörung über Polizeigewalt begann, transformierte sich in Windeseile in grundsätzliche Debatten über die Frage: Wie wollen wir leben?

Olga Lafazani ist seit Jahren in Initiativen gegen das europäische Grenzregime aktiv. Sie hat ihre universitäre Karriere auf Eis gelegt, um im »City Plaza«, einem von rund 400 Migrant:innen besetzten Hotel, zu leben und mitzuarbeiten. Sie sagt rückblickend: »Im Dezember 2008 hatte sich gezeigt wie schnell etwas, das ruhig und balanciert ist, brechen kann. Es war der erste Schritt zu dem, was folgen sollte: Den großen Streiks, den Besetzungen der Plätze – all dem, was in dieser Dekade mit der einsetzenden Krise an Widerstandsformen neu entstand. OK, man sagt Alexis (Grigoropoulos) war ein Upperclasskid, aber zuallererst war er ein Kid, also identifizierten sich alle Kids und alle Eltern mit seinem Schicksal.« Nelli Kambouri, die sich als Soziologin mit temporären Anstellungen im akademischen Betrieb durchschlägt: »Ich erinnere mich, da waren einige Feminist:innen, die das damals kritisierten. Die sagten, wieso zählt das Leben von Alexis so viel mehr als das von anderen? Zur gleichen Zeit gab es auch andere Fälle, zum Beispiel wurde damals auch ein Migrant getötet, und es gab den brutalen Mordversuch an Konstantina Kouneva, einer bulgarischen Frau, die für die Rechte der Leute im Reinigungssektor kämpfte. Man hatte sie gezwungen, Schwefelsäure zu trinken, und sie war gerade so mit dem Leben davongekommen. Aber für mich waren das alles Zeichen dafür, dass wir anfingen uns neu zu fragen, was wir als politisch ansehen.«

So wie in der aufkommenden Krise selbstorganisierte Stadtteilinitiativen aus dem Boden schießen, die zum Beispiel Maßnahmen gegen Zwangsversteigerungen oder das Abschalten der Stromversorgung ergreifen, unzählige Häuser in ganz Griechenland besetzt werden, Suppenküchen entstehen, kommt es bis in die jüngste Gegenwart zu einer Vielzahl tragischer gewalttätiger Ereignisse. Übergriffe der militanten faschistischen Partei Chrysi Avgi (Goldene Morgenröte) auf Migrant:innen, Linke und Schwule sind an der Tagesordnung und fordern unzählige Verletzte und eine Reihe von Toten. So wird der linke Rapper Pavlos Fyssas im September 2013 von einer Gruppe der Morgenröte angegriffen und erstochen. In einigen dieser Fälle zeigt sich auch eine Komplizenschaft mit der Polizei. Nicht weiter verwunderlich, ergab doch eine Umfrage unter Athener Polizist:innen 2012, dass 50 Prozent der Beamt:innen für die Morgenröte gestimmt hatten. Im Februar 2013 stirbt ein junger Senegalese nach einer Polizeikontrolle. Und dann waren da auch die drei toten Bankangestellten von 2010. Sie erstickten, nachdem aus einer großen Gewerkschaftsdemonstration heraus Molotow-Cocktails in die Bank geschleudert worden waren. In linken und anarchistischen Kreisen begann damals erstmals eine breitere Debatte über die Anwendung und Legitimität von Gewalt, da sich aber niemand zu der Tat bekannt hatte, gab es viele, die eine Aktion von Agents Provocateurs für genauso möglich hielten. In anderen Fällen waren derartige Zusammenhänge auch immer wieder bewiesen worden.

Zudem lässt die Wirtschaftskrise solche Situationen auf der Straße immer unübersichtlicher werden, weil neue Akteur:innen hinzugekommen sind: Hooligans, Rechtsextreme oder sonst wie Gewaltfixierte.

Der jüngste dieser verworrenen Fälle ereignete sich Ende September, als der bekannte Queeraktivist und bekennende HIV-Positive Zak Kostopoulos am zentralen Omonia-Platz gelyncht wurde. Zunächst wird die Geschichte so erzählt, als ob ein drogenabhängiger stadtbekannter Schwuler einen Juwelierladen ausrauben wollte und dann von dem empörten Besitzer zusammengeschlagen wurde. Tatsächlich zeigen Filmaufnahmen, wie Kostopoulos versucht, in dem Juwelierladen, in dem er eingeschlossen ist, die Tür einzuschlagen, um wieder rauszukommen. Als es ihm dann endlich gelingt, durch eine eingeschlagene Scheibe in der Auslage zu kriechen, treten der zurückgekehrte Besitzer und ein weiterer Mann immer wieder auf seinen Kopf ein. Später sieht man, wie Polizisten ihn weiter treten. Die wahrscheinlichere Geschichte, die sich nach und nach rausstellt, ist die, dass sich Zak Kostopoulos auf der Flucht vor einem Angriff in den Laden geflüchtet hatte und dann, weil die Tür plötzlich verriegelt war, in Panik geriet und durch das Zerschlagen des Fensters versuchte, wieder rauszukommen. Aber da hatte sich die griechische Presse schon heiß gelaufen mit ihrer Junkie-Version, und die Kommentarspalten der Zeitungen und sozialen Netzwerke liefen über vor ungefiltertem homophobem Hass.

Wie das Thema in linken und anarchistischen Kreisen diskutiert wurde, beschreibt Nelli Kambouri so: »Es gab dann diese Demo von der LGBT-Szene, und Anarchist:innen fingen an, Sachen kaputt zu hauen, und die meisten von den Demonstrant:innen riefen: Wir haben da keinen Bock drauf. Später gab es dann eine Diskussion im Politechnio. Da belehrten die Anarchist:innen die LGBT-Leute so im Stil von: Ihr müsst erst mal Marx lesen, ihr habt keine Ahnung von Klassenanalyse. Überhaupt, der eigentliche Kampf ist der gegen die Banken, ihr seid sowieso apolitisch usw. Außerdem wollten sie die Geschichte von Zaks Tod partout so gedeutet wissen, dass er eben doch vor allem ein Dieb war, weil Diebe die wahren Revolutionäre sind. Ich habe mich wirklich für sie geschämt, so dumm war das Gelaber. Ein Freund von mir, der selbst LGBT-Aktivist ist, sich aber auch als Anarchist begreift, meinte: ›Selbst, wenn du länger mit denen zusammenarbeitest, die merken gar nicht, wie machistisch und sexistisch sie sind.‹«

Um nach dem Verbleib dieser Selbstorganisation von unten zu suchen, treffe ich Alexandra Pavlou, die uns im Frühjahr 2012 zu einem dieser Stadtteiltreffen mitgenommen hatte. Sie schlägt sich mit Übersetzungen deutscher Literatur zu Honoraren indischer H&M-Näher:innen durch und ist quasi gezwungen, mit der gelegentlichen Vermietung ihres Appartements die Gentrifizierung in ihrem Viertel zu fördern: »Viele Initiativen gibt es noch, vor allem weil sie auch gebraucht werden, aber man kann nicht sagen, dass sehr viele Menschen mitmachen. Was Syriza 2015 gemacht hat, hat alles beeinflusst. Ich bin inzwischen nur noch gegen die Zwangsversteigerungen aktiv. Man kann sie aber nicht mehr verhindern. Um die Bewegung zu brechen, hat Syriza diese vom Gericht in die Notarkanzleien verlegt.« Von einer Soliklinik für Leute ohne Krankenversicherung ist sie nach 2015 weggegangen, nachdem diese von Syriza-Leuten übernommen worden war. »Und dann war ich noch bei einer anderen Gruppe, wir haben da Lebensmittel gesammelt und davon haben dann um die fünfzig Familien gelebt. Aber es ist nicht zu vergleichen mit dem, was du von 2012 in Erinnerung hast.«

Pavlou war eine von vielen unorthodoxen Linken, die 2012 dem Versprechen auf eine Politik von unten folgend zu Syriza kam. Aber sie merkte bald, dass hier Leute am Werk sind, deren Gewohnheiten sich nicht sonderlich von denen anderer griechischer Parteipolitiker:innen unterscheiden. Sie und viele andere hielten dennoch dagegen und kämpften für das Nein zu den Maßnahmen der Euro-Eliten im Referendum.

Aber nachdem Alexis Tsipras kurz nach der Absage der griechischen Bevölkerung zu den heftigen Sparmaßnahmen eben in jene einwilligte, brach sie im Sommer 2015 wie viele andere mit Syriza. Zu der Zeit verließ auch die gesamte Jugendorganisation die Partei.

Wer nachrückte, waren oft Leute aus dem abgewirtschafteten PASOK-Parteiapparat.

Zurück zum 6. Dezember 2018. In Athen wird es mehrere Demonstrationen geben. Die größte ist für 18 Uhr angesetzt, der Treffpunkt ist bei der Nationalbibliothek im Zentrum. Da kurz vor dem Start erst ein paar hundert Leute da sind, nehmen wir Salonanarchist:innen noch schnell einen Brandy in der nahegelegenen Galaxy Bar. Der altmodische Boheme-Laden in einer Passage an der Stadioustraße ist hier in der Innenstadt fast das Einzige, was offen hat. Die Leute von der Anti-Biennale gegenüber, die sowohl die vergangene Documenta als auch den linksradikalen Kampf dagegen als lahmarschig kritisiert hatten, ziehen es sicherheitshalber vor, früher Feierabend zu machen mit ihrer shocking Hipsterkunst. Vor ihrer Haustür steht ein Polizeibus mit einer Einheit vollmontierter Polizist:innen.

Die Demo selbst ist dann eine routinierte Ansammlung von circa 2000 Schwarzgekleideten – ein Überblick jener Szene, die links oder jenseits von links (Anarchist:innen bezeichnen sich in Griechenland gemeinhin nicht als links) zu finden sind. Klassische anarchistische und kommunistische Symbole, erprobte Sprechchöre, Menschen allen Alters, vorwiegend aber junge Leute. Männlich dominiert, so marschiert man zügig ohne Reden oder Musik durch die Innenstadt, am Parlament vorbei und endet am Omonia-Platz, wo der größte Teil der Menschenmenge in Windeseile im Metroschacht verschwindet. Diejenigen, die noch was vorhaben, gehen in Richtung Exarchia. Auf dem Weg passieren wir schon die ersten brennenden Barrikaden aus Bauzäunen und Müllcontainern. In der Ferne hört man schon den Lärm der Gasgranaten. Am Eingang des Hotels Exarchion kommt uns der ältere Herr von der Rezeption mit weiß eingecremtem Gesicht und roten, tränenden Augen entgegen. Von nun an kann man im Viertel nur noch mit Gasmaske herumlaufen. Im Fernsehen verfolgen wir, wie auf mehreren Kanälen live von den Schlachtorten berichtet wird. Meist in Splitscreen. Im Hintergrund Polizeiketten, die unter Beschuss von Molotow-Cocktails und Steinen vor- und zurückweichen. Kommentiert von Moderatorinnen mit teuren Frisuren und meist älteren Herren, die ihrer Empörung freien Lauf lassen. Gelegentlich gibt es Schaltungen zu den Reporter:innen vor Ort, die das Offensichtliche dann je nach Sender in besorgter Zurückhaltung oder Frontschweinattitüde nochmals kommentieren.

Am Morgen dieses 6. Dezembers, noch bevor die ersten Demos starten und die Schwarzkapuzen in grimmiger Routine in mehreren Städten Griechenlands versuchen, dem Staat die Hölle heiß zu machen, postet Alexis Tsipras das ikonenhafte Graffito des 15-jährigen Alexandros Grigoropoulos in einem Sex-Pistols-T-Shirt mit den pathetischen Worten:

»Der Dezember war kein Bild in den Nachrichten. Er war die Grenze einer Ära künstlichen Wohlstands, moralischer Korruption und politischer Abwertung. Die neue Generation hat damals mit ihrer Rebellion die tiefsten Besorgnisse einer Gesellschaft ausgedrückt, die die Krise kommen spürte. Die neue Generation bildet den empfindlichsten Teil unserer Gesellschaft, und deshalb werden wir ihr nie sagen, dass sie schweigen und in ihr Kinderzimmer zurückkehren soll. Im Gegenteil, wir wollen, dass sie die Sprache und den Weg zum Sprechen findet, damit sie an der Gestaltung unserer gemeinsamen Zukunft teilnimmt. Wir erinnern uns an den Dezember. Wir vergessen Alexandros nicht. Auf seiner Erde bauen wir unsere Gärten und unser Gemeinwesen auf.«

Tja, für wen schreibt der Mann sowas? Bei ausnahmslos allen meinen Gesprächspartner:innen hat der einstige Hoffnungsträger der parlamentarischen Linken Europas sowas von ausgespielt. Bei Petros, dem kommunistischen Konzertpianisten, der für eine stets ausverkaufte Show in einem renommierten Theater als musikalischer Leiter lediglich 50 Euro am Abend bekommt. Bei der Fotografin Zoe, die Tsipras von Anfang an für einen unsympathischen Populisten hielt. Bei Nelli, die zu den kommenden Wahlen Wahlkampf für das Nichtwählen machen wird. Bei Olga, die sagt:»Wegen der fünf Sachen, die Syriza eventuell OK gemacht haben, haben wir sie nicht gewählt. Wir wollten eine andere Politik.« Bei Dimitri, der als prekär-selbstständiger Grafikdesigner steuermäßig so belastet wird wie ein wohlhabender Unternehmer. Und sowieso bei Alexandra, die sagt: »Da ist ein Referendum, und ein Volk sagt Nein, und dieser Typ macht es noch am selben Tag zu einem Ja. Wie soll man das anders als Verrat nennen? Er ist wie Schäuble, die sind alle wie Schäuble, die wollten einfach nur an der Macht bleiben.«

Man könnte sagen, nachhaltiger lässt sich der Traum von emanzipatorischer Realpolitik nicht zerschreddern, aber irgendwie will es mir scheinen, dass diese Erfahrungen wertvoll sind für die Zukunft. Die Erfahrung von Solidarität lässt sich nicht löschen.

Vielleicht haben diese Erfahrungen desillusioniert, aber bestimmt nicht entpolitisiert. Sicher ist jedoch auch, Teil dieser Zukunft, von der Tsipras schwulstig spricht, wird er bestimmt nicht sein.

Januar 2019

Die Schwarzkopie im Weißenghetto

Anta Helena Reckes Inszenierung von »Mittelreich«

Was passiert, wenn eine sehr bayerische Inszenierung eines sehr bayerischen Stücks mit einem afrodeutschen Ensemble sehr genau nachgespielt wird? Die Reaktionen im Feuilleton waren jedenfalls entlarvend. Um trotzige Abwehrreflexe der mitteleuropäischen Dominanzkultur gegen das vermeintlich Fremde zu beobachten, bedarf es keiner Stammtischbesuche in Thüringen oder im Thurgau. Manchmal reicht es schon, eine Theaterkritik der NZZ, der FAZ oder der Süddeutschen Zeitung genau zu lesen.

Aber dafür braucht es einen Anlass, denn normalerweise fällt dem homogen bürgerlichen Stadttheaterpublikum sein Weißsein ja gar nicht auf, sitzt es doch meist unter sich und schaut Inszenierungen von und mit seinesgleichen an. Allen ernstgemeinten Bemühungen, die großen Häuser zu öffnen, allen Refugee- oder Stadtteil-Einbeziehungs-Projekten zum Trotz bleiben die Diskurse, die in den etablierten Theatern geführt werden, fast ausschließlich innerhalb des Meinungs- und Erfahrungsspektrums der sogenannten Mehrheitsgesellschaft. Und ein Spiegel dessen ist die Theaterkritik.

Die Regisseurin Anta Helena Recke lieferte so einen Anlass an den Münchner Kammerspielen. Ihr Vorhaben ist verblüffend einfach. Als in München geborene Schwarze Deutsche mit der Erfahrung aufgewachsen, ständig als Fremde wahrgenommen zu werden, entwickelte sie folgende Versuchsanordnung: Was passiert mit der Wahrnehmung aller Beteiligten eines Theaterabends, wenn ein Schwarzes, fast durchweg afrodeutsches Ensemble die gefeierte, sehr bayerische Inszenierung »Mittelreich« so detailgetreu wie möglich nachspielt, also kopiert?

»Mittelreich« beruht auf dem gleichnamigen Roman von Josef Bierbichler, die Inszenierung der Regisseurin Anna-Sophie Mahler hatte vor etwas über einem Jahr an gleicher Stelle Premiere. Natürlich mit einer weißen Besetzung. Das Stück handelt von der Geschichte einer bayerischen Familie, die ein Wirtshaus am Starnberger See betreibt. Also unter anderem von zwei Weltkriegen und autoritären Dorfstrukturen, von Missbrauch, von Verdrängtem aller Art – und von ostpreußischen Geflüchteten. Konzeptionell unterfüttert war Reckes Kopie durch die aus der bildenden Kunst bekannte Praxis der Appropriation Art – also der detailgetreuen Wiederholung eines bestehenden künstlerischen Werks und der Beobachtung, welche neuen Kontexte sich dadurch ergeben.

Für mich funktionierte dieser Versuch schon bevor es überhaupt losging, nämlich beim Weißbiertrinken in der mir gut bekannten Kantine der Kammerspiele, wo ich zum ersten Mal eine größere Zahl Schwarzer Leute ganz selbstverständlich rumhängen sah. Im Zuschauerraum dann das gleiche Bild: eine ungewohnte Heterogenität im Publikum, die zu lustigen, weil irgendwie unklaren, Situationen führte. Anta Recke nannte als Beispiel »eine super extreme Höflichkeit« seitens des Stammpublikums, als etwa eine Gruppe junger Schwarzer versuchte, sich noch auf den letzten Drücker durch die Sitzreihen zu schlängeln.

Die Bandbreite der Wahrnehmungen war, wie sich bei den Publikumsgesprächen zeigte, sehr groß. Anders als in der Originalinszenierung, wo das Blackfacing in einer Faschingsszene anscheinend gar nicht weiter aufgefallen war, wurde hier die Figur des sogenannten N-Königs ausführlich diskutiert. Junge Leute, geschult in Critical Whiteness, erkannten bei sich eigene rassistische Wahrnehmungsmuster in bestimmten Szenen. Mehrere afrodeutsche Zuschauer:innen betonten die Wichtigkeit der Repräsentanz Schwarzer Figuren auf der Bühne, die nicht den gängigen Stereotypen entsprächen. Und natürlich wurde auch vor allem seitens einiger Abonnent:innen einiges an unreflektiertem Blödsinn geredet, aber das offene Aussprechen eigener Wahrnehmungen war ja gewünscht.

Jedenfalls, der Applaus bei beiden Vorstellungen war frenetisch, nur die Kritiken der erwähnten Qualitätsjournaille waren merkwürdigerweise naserümpfend bis feindselig.

Und da wären wir bei den Abwehrreflexen. Der Kritiker und die Kritikerinnen von NZZ, FAZ und SZ verweigerten sich dem Versuch, die eigene Wahrnehmung, zum Beispiel das Normative ihres Weißseins, zu hinterfragen. Stattdessen verschanzten sie sich hinter formalen Kriterien der Theaterkritik, die ja Ausdruck erwähnter Dominanzkultur sind.

Einig waren sich alle darin, diesem Abend die Sinnhaftigkeit abzusprechen und ihn rundum für gescheitert zu erklären. Sie leugneten oder relativierten die Grundthese, es gebe so etwas wie einen strukturell bedingten Ausschluss nichtweißer Menschen im deutschsprachigen Theaterbetrieb. Den Knaller in dieser Hinsicht lieferte die Rezensentin der SZ, die meinte, »fast 60 Jahre nach der stolzen Propagierung Schwarzen Selbstbewusstseins mit dem Slogan ›Black is beautiful‹ [sei Reckes Vorhaben] doch ziemlich irritierend.« Ansonsten bedauert sie, dass entgegen ihrer (wohl exotistischen) Erwartung, die »farbigen« Körper dem Stoff nicht die »belebende Blutzufuhr« gegeben hätten, und spricht den meisten Schauspieler:innen gleich die nötige Professionalität ab. Sie schreibt: »Vor allem aber krankt [!] diese Aufführung an den Akteuren, weshalb sich eigentlich jede weitere Diskussion erübrigt.«

Die Dame der FAZ empfindet die Frage, wem denn da eigentlich zugeklatscht wird – der Originalinszenierung oder der Theatermacherin Anta Recke »für ihr legales ›Appropriation‹-Plagiat« – als zu kompliziert, um dann festzustellen: »So selbstreflexiv kann ein Publikum gar nicht sein.«

Der Rezensent der NZZ wiederum hält die Schauspielkunst der Schwarzen Darsteller:innen zwar für »hervorragend«, in der Kopie aber für »ärgerlich verschenkt«, und kann auch keinen Sinn darin erkennen, »dass der alte Bauer nicht mehr die voralpenfrische rosige Hautfarbe hat; und dass der Chor der Flüchtlinge jetzt wie eine Gruppe Migranten aus unseren Tagen aussieht, trägt auch nicht unbedingt zum tieferen Verständnis dieser eigentlich rein deutschen Geschichte bei«. Dass einige der Schauspieler:innen auch aus deutschen Familien kommen, die durch ebendiese Fluchterfahrungen nach dem Zweiten Weltkrieg geprägt sind, wird sie in den Augen dieses Herren wahrscheinlich auch nicht als geeigneter erscheinen lassen. Es ist wie bei der Personenkontrolle in der Fußgängerzone: Deine Fresse ist dein Pass.

Alles nicht so schlimm, könnte man meinen. Ein paar gestrige Kritiker:innen, die um ihre Deutungshoheit kämpfen. Die angesichts Schwarzer Deutscher nicht anders können, als an Fremde, also »Flüchtlinge« zu denken. Die partout darauf beharren, dass es nur darum gehe, darauf zu achten, was sich in Abgleich mit tradierten Normen im Guckkasten abspielt und nicht im Publikum. Die weder darüber nachdenken wollen, welches System welche Formen des Ausschlusses produziert, noch in der Lage sind, anhand der an diesem Abend starken Anwesenheit von People of Color zu erkennen, wie beschämend abwesend diese an »normalen« Theaterabenden sind. Gerade die Reaktionen derer, die leugnen, dass das Theater, beispielhaft für so etwas wie »die Gesellschaft«, Fragen der Repräsentanz stellen müsse, bestätigen in ihrer Ignoranz die Notwendigkeit und den Erfolg dieses Experiments.

Das eigentliche Problem ist aber: Diejenigen, die hier so argumentieren, halten sich – wahrscheinlich nicht einmal zu Unrecht – für Sprecher:innen einer schweigenden Mehrheit.

Natürlich traute sich niemand, bei diesen beiden Aufführungen offen Unmut zu äußern, aber ich konnte zum Beispiel beobachten, wie Dr. Joy Kristin Kalu, Dramaturgin der Berliner Sophiensaele, als Projektionsfläche übergriffiger Theatergänger:innen herhalten musste. Kalu hatte in ihrem einführenden Vortrag für die zweite Vorstellung über die Wiederholung in der Kunst gesprochen und kurz davon berichtet, dass ihr einst in der Endausscheidung für ein Regiestudium vor dem finalen Test klargemacht wurde, dass sie, bei allem Talent, als Schwarze keinen Platz an der Schule bekommen würde. Später wurde sie im Zuschauerraum von hinten angetippt und bekam unvermittelt zu hören: »Ich weiß gar nicht, worüber sie sich so beschweren, sie haben doch noch eine schöne Karriere gemacht.«

In der Pause fiel ihr eine unbekannte Frau um den Hals und sagte: »Sie tun mir so leid, ist es wirklich so schlimm?«, um dann von ihrem Enkelkind aus Burkina Faso zu reden. Ich bin noch keiner Schwarzen Person begegnet, die nicht über ein großes Repertoire mehr oder weniger übergriffiger Erlebnisse von oft völlig fremden Leuten verfügen würde.

Was mir während des Stücks vor allem auffiel, war eine sorgfältig gemachte Stadttheaterinszenierung, die durch die Setzung eines Schwarzen Ensembles einen Wahrnehmungsraum schuf, der es ermöglichte, in den einzelnen Schauspieler:innen Individuen und keine Vertreter:innen einer imaginierten Minderheit zu sehen. Aber ich fragte mich auch: Wollt ihr da wirklich hin? Wobei sich dieses »ihr« natürlich verbietet und mich und meine eigene Projektion entlarvt, in den weniger Privilegierten immer die Vorhut eines viel grundsätzlicheren Kampfs sehen zu wollen.

Trotzdem: Was würde passieren mit der krassen Hierarchie, dem Sexismus, dem bürgerlichen Dünkel, ohne die ein Stadttheaterbetrieb gegenwärtig eigentlich gar nicht denkbar ist, wenn die Ensembles die Diversität ihrer Städte wirklich widerspiegelten und ein Käthchen von Heilbronn ganz selbstverständlich von einer Schwarzen Person gespielt werden würde? Und wann wäre der Moment gekommen, in dem das europäische Erbe als alles bestimmende Referenz mal beiseitegelegt werden kann und niemand mehr dieses Käthchen braucht?

Vorerst behelligen die deutschsprachigen Stadttheater ihre Kundschaft jedenfalls nicht mit solchen Fragen. Denn ihr Kerngeschäft sind nach wie vor die Verwaltung und der Erhalt dieses Erbes, und da scheint man eine klare Vorstellung davon zu haben, wie die schweigende und zahlende Mehrheit ihre Theaterstoffe präsentiert bekommen will. Repräsentanzdiskurse scheinen im Kulturbetrieb woandershin ausgelagert zu sein. In die sogenannte freie Szene oder in den akademischen Kunstbetrieb, in dem man, wie neulich in Basel, auf Symposien mit Titeln wie »De-Colonizing Art Institutions« die Zukunft in ihrer kommenden Hybridität schon mal vordenkt, statt sich hinter überkommenen Normvorstellungen zu verschanzen.

Es spricht jedenfalls Bände, dass der Chefdramaturg der Kammerspiele, Christoph Gurk, die Publikumsdiskussion mit dem Verweis beendete, dass weitere Aufführungen zwar gewünscht, aber leider schwierig zu finanzieren seien, da es sich bei den Mitwirkenden ja um »Gäste« handle. Und mit dem frommen Wunsch, dass Anta Reckes »Schwarzkopie« der Anfang einer Entwicklung sein möge, an deren Ende in »ferner Zukunft« die Hautfarbe kein Kriterium mehr für eine Aufnahme in ein Theaterensemble sei.

Dezember 2017

»Hört mal, ich habe eine weiße Oma«

Interview mit der Spoken-Word-Ikone Ursula Rucker zur Bedeutung eines Schwarzen Präsidenten nach der Nominierung Barack Obamas

TED GAIER: Was ich bei dir bemerkenswert finde, ist, dass Du als eine der ganz wenigen gegenwärtigen Künstler:innen eine spezifisch afroamerikanische Tradition des verantwortlichen Sprechens für die Black Community fortführst. Diese Wurzeln entstanden im Zusammenhang mit Bewegungen, die heute nicht mehr existieren.

URSULA RUCKER: Ich bin einen weiten Weg von der Protest-Music hergekommen. Protest-Music war für einige Zeit so was wie ein Markenzeichen in den USA, aber das ist weitgehend in Vergessenheit geraten. Teenager wissen heute nicht, was damit gemeint ist.

T: Die Vorwahlen in Philadelphia waren ja wichtig für Obama, um sich gegen Hillary Clinton durchzusetzen. Hat man versucht, Dich für die eine oder andere Seite zu gewinnen?

U: Als wir die Primaries in Philadelphia hatten, bin ich drei Mal gefragt worden, ob ich auf Fundraising-Veranstaltungen für Barack Obama auftrete. Warum zum Teufel soll ich Obama helfen, Geld für seine Kampagne aufzutreiben? Ich kriege regelmäßig Herzrasen, wenn ich Post von meiner Bank bekomme, und er kriegt Millionen von Dollar für seine Kampagne von den großen Konzernen. Warum soll ich ihm dabei helfen? Es ist nicht so, dass ich Obama nicht leiden kann, aber zuallererst finde ich es schockierend, wie viele für ihn abgestimmt haben, weil er Schwarz ist oder für Hillary, weil sie eine Frau ist. Es ist unglaublich lächerlich zu glauben, die Hautfarbe oder das Geschlecht befähige jemanden, dieses Land zu führen.

T: Geht es bei Politik nicht immer auch um Symbole? Und die spielen in diesem Fall doch die entscheidende Rolle.

U: Die Entwicklungen gehen rückwärts in unseren Communitys. Ich habe Freunde, die glauben schon lange nicht mehr an sowas wie die Black Community.

T: Das ist für uns in Europa so ein Paradox. Wie sich der Begriff Schwarz definiert, nach dieser One-Drop Roule. Eigentlich ist jemand wie Obama oder Du gleichermaßen Schwarz wie weiß.

U: Na ja, es geht darum, was du siehst, wenn du in den Spiegel guckst, und was andere sehen, wenn sie dich ansehen, und wo du dich verortet fühlst. Meine Mutter ist Italoamerikanerin, mein Vater ist ein Schwarzer aus dem Süden. Ich weiß, wer ich bin und bin stolz darauf. Aber wenn ich mich frage, wo ich hingehöre, dann doch eindeutig zur Black Community. Meine Mutter fühlt sich dadurch auch nicht angegriffen, weil sie weiß, dass ich da gebraucht werde. Würde ich mich in einem italienischen Umfeld umsehen, würde ich mich fragen, was ich da soll. Die brauchen mich nicht und ich bin da sowieso nicht wirklich akzeptiert. Wenn ich sage, ich bin italienischer Abstammung, kriege ich zu hören: Was? Wirklich?

T: Also hätte es doch einen starken symbolischen Wert, einen »Schwarzen« Präsidenten zu haben?

U: Es wird sowieso nicht passieren.

T: Und wenn doch?

U: Ich hätte Angst. Ich glaube, Barack Obama muss um sein Leben fürchten, wenn er Präsident wird.

T: Wirst Du ihn wählen?

U: Er ist das kleinste Übel. Das ist meistens das Kriterium, nach dem ich meine Entscheidung treffe. Frauen und Schwarze haben in Amerika hart für ihr Wahlrecht gekämpft. Ich kann meine Stimme nicht wegwerfen. Mir bedeutet dieses Recht eine Menge.
Sicher, historisch gesehen wäre das was, wenn er gewinnt. Die Leute würden auf die Straßen rennen. Es wäre ein unvergesslicher Moment. Jeder würde sich von der Magie dieses Moments anstecken lassen. Alle würden die Romantik und Leidenschaft spüren. Selbst diejenigen, die es nicht zugeben wollen.

T: Dieses Gefühl des historischen Moments könnte vielleicht sogar ein paar Rassist:innen ändern.

U: Ich glaube nicht, dass das möglich ist, die Fäden des Rassismus werden von mächtigeren Leuten gehalten als von dem Präsidenten. Ich bin eine Pessimistin. Redet miteinander, toleriert euch – das klingt nach Hippie-Talk, aber ich glaube, das ist es, wo die Basisarbeit anfangen muss. Es beginnt nicht mit einem Schwarzen Mann als gewähltem US-Präsidenten.
Es funktioniert nicht so, dass plötzlich alle in diesem rassistischen Land sagen: Ich habe mich verändert, ich bin erleuchtet. Ich gehe jetzt runter und baue das brennende Holzkreuz auf dem Gelände meines Schwarzen Nachbarn wieder ab. Das wird nicht passieren. Wenn ich einkaufen gehe in Downtown Philadelphia, und ich komme in einen Laden, wo normalerweise keine Schwarzen einkaufen: Die Art wie meine Kinder und ich beobachtet werden – niemand wird das ändern. Oder wer wird es ändern, dass diese Typen, die an der Ecke in meiner Nachbarschaft rumhängen und ihr Gift verkaufen. Es wird sich nicht ändern, wie Amerika auf diese Typen

blickt, und auch nicht, wie sie das weiße Amerika sehen. Man muss hingehen, jemand muss sich hinstellen und mit ihnen reden. Ich weiß nicht wie, aber ich werde es rausfinden.

T: Ich denke, bei seinem Background ist Obama zumindest in diesen sozialen Fragen glaubwürdig.

U: Aber was ist mit dem Militär, den Konzernen, mit all dem Geld, das sie ihm gegeben haben und allen Versprechungen, die er ihnen gegeben hat. Wenn du erstmal am Haken hängst, was kannst du machen? Aber was wirklich irritiert: ein Präsident mit einem afrikanischen Namen? Wow. Er ist nicht einfach nur ein Black-American, er ist Halb-Afrikaner. (lacht) Ich glaube, vielen Leuten ist gar nicht klar, dass wir möglicherweise nicht nur einen Schwarzen, sondern einen afrikanischen Präsidenten bekommen könnten.

T: Und dann ist da die islamische Assoziation.

U: Ich liebe das. Es gibt einen Spot von ihm, wo er herausstellt, wie wichtig seine weiße Großmutter für seine Erziehung war, was ein ganz offensichtlicher Schritt ist, um weiße Wähler zu bekommen. Hört mal, ich habe eine weiße Oma, hey.

T: Interessanterweise schlachtet er die Tatsache, einen asiatischen Stiefvater gehabt zu haben, überhaupt nicht aus. Das wäre doch auch eine relevante Wählergruppe.

U: Ich habe davon überhaupt noch nichts gehört.

T: Er könnte damit doch klarmachen: Seht her, ich vereine das gesamte Amerika. Wie war Deine Reaktion, als diese Ausschnitte der Reden von Obamas Pastor Jeremiah Wright lanciert wurden, um Obama als Freund eines Fanatikers zu diffamieren? Dabei sind die

Reden (Pastor Wright, YouTube) vollkommen nachvollziehbar und nicht radikaler als manche Reden von Martin Luther King.

U: Genau, er hat nur das gesagt, was ich auch sage. Jedenfalls, ich war ziemlich wütend, weil ich fand, Obama hätte überhaupt nicht reagieren sollen. Ich war irritiert, weil er Dinge über die Black Community offengelegt hat, die nicht in eine allgemeine Öffentlichkeit gehören. Es gibt bestimmte Sachen, die sollten wir privat halten. Er hat einfach Geheimnisse ausgeplaudert, um Stimmen zu bekommen.

T: Nach meinem Eindruck war der Effekt aber auch der, dass über diese Dinge zum ersten Mal seit Jahrzehnten überhaupt wieder geredet wurde innerhalb der amerikanischen Öffentlichkeit.

U: Was hat er denn Neues gesagt? Ich sage diesen Kram dauernd. Er beeindruckt mich nicht. Ich meine, OK, er hat gewählt gesprochen, sicher. Ich musste das Video von Pastor Wright gar nicht ganz sehen, ich sah ein paar Ausschnitte und dachte mir: Dieser Typ ist in deiner Kirche, zu der du jahrelang gegangen bist. Sie haben dich immer unterstützt. Er kann in seiner Kirche sagen, was immer er will. Schwarze Priester sagen manchmal Sachen, bei denen du dich fragst: Was? Hat er das gerade wirklich gesagt? Ich war oft in der Kirche meines Vaters, und der Pfarrer sagte Sachen über Whities und meine Mutter saß da in der Art: Hey, ich weiß ja nicht, ob ihr wisst, aber, äh, ich bin eine europäische Amerikanerin. Und so was passiert selbst in katholischen Kirchen, ich bin nämlich katholisch.

T: Du bist eine der wenigen Schwarzen Künstlerinnen, die Hip Hop für seine expliziten Lyrics kritisiert, verteidigst aber die Möglichkeit, dass im geschützten Raum einer Kirche drastische Sachen gesagt werden dürfen ...

U: Ein Unterschied besteht zum Beispiel darin, dass ein Pastor lediglich zu seiner Gemeinde spricht. Zu einer ausgewählten Gruppe von

Leuten, die ihn seit Jahren kennen. Hip Hop ist ein weltweites Phänomen. Hip Hop ist in jeden Winkel der Erde vorgedrungen mit seinen zerstörerischen Texten, seinen Stereotypen, seinen falschen Informationen. In meiner Stadt, in der ich aufgewachsen bin, in der ich meine Kinder erziehe usw. gibt es so viel Gewalt, und ich weiß, dass dies auch das direkte Ergebnis der Rap-Musik ist. Die Rapper machen wirklich die Arbeit des Teufels. Ich weiß, das klingt dramatisch, sie sagen, hey, es ist unsere Erfahrung, aber meistens stimmt nicht mal das. Wenn du diese sogenannten Gangstertypen ins Zentrum von Bagdad verfrachtest, werden sie sich in die Hose scheißen mit ihrem ganzen Geschwätz von Maschinengewehren, Bomben schmeißen usw.

T: Du machst also einen Unterschied zwischen der Gefahr, die von Rap-Lyrics ausgeht mit seiner Glorifizierung von Gewalt und einer möglichen antiweißen Rhetorik von Kirchenleuten?

U: Ja.

T: Du siehst in dem, was in Kirchen gesagt wird, also eher eine Art Folklore. Ich spreche jetzt nicht von Pastor Wright, sondern eher von dem, was Du über Deine Mutter gesagt hast, als sie sich angegriffen gefühlt hatte wegen der antiweißen Rhetorik.

U: Ich kann mich genauso angegriffen fühlen, wenn ich in einer katholischen Kirche sitze. Wenn sie über Abtreibung reden und gegen die Schwulenehe, was erlauben die sich? Und ich sitze da dann auch noch mit meinen Kindern.

T: Du bringst Deine Kinder in eine katholische Kirche, bist Du verrückt? Sind das nicht gefährlichere Texte als bei Rap-Musik?

U: (lacht) Vielleicht, vielleicht aber auch nicht.

November 2008

Gefangen in der Gruselprojektion

Rumänien im Off des Westens

Rumänien? – Alles klar, das Land der Blutsauger und Ausgesaugten. Romabanden, Straßenkinder, Geheimdienstterror. Wahlweise auch Umweltkatastrophen und natürlich: Ceaușescu, sprich Dracula. – Alles ganz einfach, düsterer Osten eben. Während zum Beispiel im Fall von Serbien oder Mazedonien, neben den verbreiteten Klischees vom irrationalen Balkan, wenigstens gelegentlich Bilder von Menschen zu sehen sind, die zur Arbeit gehen, in Straßencafés sitzen und manchmal sogar eine Meinung in eine Kamera sprechen dürfen, scheint alles, was vom draculösen Rumänienbild abweicht, wie in einem toten Winkel zu den von außen projizierten Mythen gefangen zu bleiben.

22 Millionen Rumän:innen sind die Opfer der Hirngespinste des Iren B. Stoker und der verwertenden Film- und Medienindustrie. Aber sie tragen ihr Schicksal mit Gleichmut, auch weil das Buch für die meisten schon allein deshalb keine Bedeutung hat, weil es über ein halbes Jahrhundert lang nicht erhältlich gewesen war.

Obwohl hier alle gängigen Klischees von Armut gegenwärtig sind, fühlt sich die Summe der Eindrücke nicht so an wie das allseits verbreitete Bild von Trostlosigkeit, lassen sich andere, wertvolle Formen des Umgangs finden, die resistent sind gegen eine Standardisierung.

Was als rückschrittlich wahrgenommen wird, ist ohnehin eine Frage von Standards und Interpretationen. Ein Beispiel: Das Seltsamste, was allen Fremden sogleich auffällt, ist, dass ganz Rumänien bevölkert wird von ungezählt vielen freilaufenden Hunden. Ihr Verhältnis zu den Menschen mutet utopisch an. Die Hunde gehören allen. Hausgemeinschaften versorgen die Hunde ihres Blocks wie selbstverständlich. Es gibt ein durchaus gegenseitiges System von Gefälligkeiten. Nahrung gegen Aufpassen und gegenseitiger Respekt der Privatsphäre.

Manchmal kann das System auch noch komplexer werden. Es soll vorkommen, dass ein Hund, wenn er ein feindliches Revier durchqueren will, sich einen Menschen als Transportmittel nimmt und neben ihm herläuft bis die Gefahr vorbei ist und sich die Wege wieder trennen.

Da Ähnliches im »zivilisierten« Europa unbekannt ist, sahen Vertreter:innen der EU darin einen untrüglichen Beweis rumänischer Rückständigkeit. Doch mehrere Versuche der Regierung, die Hunde mithilfe von bereitgestellten EU-Geldern zu beseitigen, scheiterten zumindest bisher an der Uneinsichtigkeit einer aufgebrachten Bevölkerung, die partout nicht einsehen wollte, warum die Hunde zu verschwinden hätten.

Es lässt sich nicht gerade sagen, dass die Menschen in diesem Land allzu oft die Ehre haben, mit der weiten Welt von Angesicht zu Angesicht in Kontakt zu treten. Das Woanders tritt hier vor allem auf in Form von lateinamerikanischen Telenovelas, englischsprachigen Slogans, US-amerikanischen Fast-Food-Ketten, türkischer Popmusik, MTV und neuen koreanischen oder gebrauchten westeuropäischen Konsumgütern. Und schafft Projektionen auf das, was für den Westen gehalten wird.

Stark vereinfachter historischer Abriss: Wie es sich für jede anständige Nation gehört, braucht es, um sich seiner Selbst existent zu fühlen, einen zünftigen, möglichst blutigen, konstituierenden geschichtlichen Bezugspunkt. Im rumänischen Fall ist es die Überlieferung, dass der grausam-gerechte Herrscher der Walachei, Vlad Țepeș (1431–1476), den grausamen, heidnischen Türken mittels ihrer eigenen Methode, dem Pfählen bei lebendigem Leibe, siegreich getrotzt haben soll.

Gesteigerten Wert legten frankophile, rumänische Intellektuelle im 19. Jahrhundert auf die nicht slawische Herkunft ihres Volkes.

Eine systematische Romanisierung machte Rumänisch zu der dem Lateinischen am nächsten verwandten modernen Sprache. Fortan wurde gelehrt, die Rumän:innen seien ein Mischvolk aus Römer:innen und Daker:innen. Hunn:innen, Got:innen, und wer sonst noch so längs gekommen war, wurden, wie auch anderswo, der Einfachheit halber aus dem Bewusstsein gestrichen. In den zwanziger und dreißiger Jahren des 20ten Jahrhunderts gelangte Rumänien vor allem wegen seiner Erdölvorkommen zu ansehnlichem Wohlstand. Noch heute ist das Zentrum von Bukarest vom architektonischen Reichtum der klassischen Moderne geprägt. (Art déco und Bauhaus, Klassizismus und Jugendstil, oft in Kombination mit orientalischen Elementen und all das schön vergilbt, nicht pittoresk oder protzig totrenoviert.)

Die Bukarester Boheme jener Zeit war gleichermaßen von Dadaismus und Surrealismus wie auch vom sowjetischen Konstruktivismus beeinflusst. Bukarest wurde das Paris des Ostens genannt. Eine zunehmende Faschisierung im Verlauf der 30er Jahre mündete im Bündnis mit Nazideutschland und einer mit beispiellosem Eifer betriebenen Vernichtung von Juden und Jüdinnen. Rumänien wurde zu Deutschlands wichtigstem Öllieferanten mit dem Resultat, dass hinterher nichtmehr allzu viel davon übriggeblieben war. Im Angesicht der Niederlage gelang es gerade noch rechtzeitig, die Fronten zu wechseln, was später von der UdSSR mit der Anerkennung von einem relativen Maß an Eigenständigkeit honoriert wurde.

Viele meiner Gesprächspartner:innen erinnern sich an die 60er und 70er Jahre und den damals vergleichsweise idyllischen Kommunismus ohne Kommunist:innen. 1965 war ein uncharismatischer Schuhmacher an die Macht gekommen, der zunächst nicht weiter auffiel. Es ging gemütlich zu. Mikael, der Toningenieur des Studios, in dem ich im Februar 2001 zu tun hatte, sagte mal: »We pretended to work and they pretended to pay us.« Als die rumänische Führung 1968 beim Einmarsch in Prag ihre Hilfe verweigerte, erfasste das Land eine nationale Hochstimmung. Russland galt schon in zaristischen

Zeiten als Erbfeind. Zur Belohnung wurde Rumänien fortan vom Westen hofiert. Die QUEEN kam zu Besuch, Renault verscherbelte ihre Produktionsanlagen für den im Westen gefloppten R12 und Ceaușescu schnappte langsam über. Von einem Besuch in der Volksrepublik China inspiriert, verkündete er das Ziel, die Wirtschaft autark zu machen und mit dem volkswirtschaftlichen Überschuss die Auslandsschulden in einem überschaubaren Zeitraum komplett abzubauen. Als Folge wurden wahnwitzige Industrialisierungsprojekte und gigantisch-brutale Umsiedlungsaktionen gestartet. Zu Beginn der 80er Jahre war die katastrophale Versorgungslage nicht mehr zu übersehen. Weitgehend auch vom realsozialistischen Block abgeschottet quälte sich die Bevölkerung mit einer desaströsen Mangelwirtschaft und versank in politischer Lethargie.

Die genauen Umstände, die zum Sturz Ceaușescus im Dezember 1989 führten, liegen noch immer im Dunkeln. Als absurdeste Verschwörungstheorie kursierte damals das lancierte Gerücht »islamische Terroristen« wären eingeschleust worden, für am wahrscheinlichsten wird eine Inszenierung der Securitate zur Wahrung ihrer Privilegien gehalten.

Das Leben für erlebnishungrige Jugendliche und Twens in den 70er und 80er Jahren dürfte nicht gerade prickelnd gewesen sein. Anders als in der ČSSR, Ungarn oder der DDR gab es keine Subkultur oder Dissidentenzirkel, die in finsteren Kellern Free Jazz- oder Punkpartys feierten. Irgendwie war Rumänien von den globalen kulturellen Umwälzungen der 60er Jahre vergessen worden. Jazz hatte mit Können zu tun und nicht mit Politik, Punk schwappte später gar nicht erst herüber. Ganz allgemein waren Platten Mangelware, und wenn die staatliche Plattenfirma einmal westliche Sachen lizensierte, handelte es sich hierbei um unaktuelle, lahmarschige Mainstreamscheiße. Rockbands erlangten meist nur regionale Bedeutung. Um eine halbe Plattenseite veröffentlichen zu können, war zehnjähriges Bestehen fast obligatorische Voraussetzung.

Die rumänische Adaption der Folkrockbewegung der späten 60er

Jahre setzte anstelle universeller Hippiebotschaften unverhohlenen, Ceaușescu verherrlichenden Nationalismus. In Ermangelung anderer Alternativen feierte ein gewisser Adrian Pănescu in den 70er Jahren glänzende Triumphe.

Nun war es nicht so, dass nicht gefeiert worden wäre. Partykeller und Jugendclubs und all die Anlässe, zu denen die verschiedensten Formen lokaler, traditioneller Musik aufgespielt wurden und immer noch werden, bestanden durchaus. Nur gab es in Rumänien scheinbar weder die nötigen sozio-kulturellen noch die materiellen Voraussetzungen für eine funktionierende Popkultur. In der voranschreitenden Isolation der 80er Jahre lief der ganze 70er Kram einfach im Loop weiter.

Wer sich glücklich schätzen konnte, eine Deep Purple-Platte zu besitzen, wusste, was sie/er daran hatte, und hörte sie, bis die Rillen durchgescheuert waren. Das Land lag in einem Dornröschenschlaf, während nicht weit entfernt in Belgrad und Budapest brodelnde Punk- und New Wave-Szenen entstanden.

Mein Freund Marius Weber, im Umfeld nur Tutzi genannt, war 1988 aus Siebenbürgen zum Germanistikstudium nach Bukarest gekommen. Unter den Student:innen der Geisteswissenschaften formierte sich in jener Zeit eine Szene, die, vor allem von der Literatur herkommend, einen bohemistischen Lifestyle pflegte. Student:innenwohnheime erfüllten die Funktion großer Wohngemeinschaften. Es wurde Marihuana geraucht, Westradio gehört und jede Menge Unfug angestellt. Nach der verworrenen Revolution waren es vor allem die Studierenden, die mit friedlichen Protesten eine Liberalisierung des allgegenwärtigen, autoritären Staates forderten. Im Frühjahr 1990 organisierte die mittlerweile gebildete Student:innenliga die Besetzung des Universitätsgeländes und Demonstrationen gegen die eben gewählten Reformkommunist:innen. In einer abermals undurchschaubaren Eskalation, die in der vorübergehenden Unterbrechung des staatlichen Fernsehprogramms gipfelte, begannen die Medien mit einhelliger Hetze gegen die Protestierenden. Aufgehetzte

Bergarbeiter, grobschlächtige Hinterwäldler mit schlechten Manieren trafen mit Sonderzügen in Bukarest ein und droschen drei Tage lang auf alle ein, die aufgrund von Merkmalen wie »eine Brille tragen« für Oppositionelle gehalten werden konnten. Das Ergebnis war die totale Demoralisierung. Viele der Aktivist:innen verließen das Land, die meisten Verbliebenen orientierten sich pragmatisch. Rumänien wurde, nicht zuletzt wegen jener Ereignisse, ganz hinten in der Beliebtheitsskala der EU eingereiht. Es verschwand wieder aus dem Blickfeld der Weltöffentlichkeit und dem Bewusstsein westlicher Investoren.

Tutzi arbeitete fortan als Lektor beim staatlichen Verlag für Minderheiten, pflegte gute Kontakte zu Künstler:innen und Autor:innen und wurde in einschlägigen Kreisen bekannt für seine seltsamen dreisprachigen, rumänisch-ungarisch-deutschen Gedichtvorträge. Mitte der 1990er Jahre fiel ihm unverhofft die Möglichkeit zu, die rumänische Bravo aufzubauen. Der Erkenntnis folgend, dass es dort, wo es keinen Underground gibt, erstmal eines Overgrounds bedarf, startete er das Zeitschriftprojekt mit ein paar befreundeten Literat:innen, die dadurch wenigstens mal zu einem festen Einkommen kamen. In kurzer Zeit entwickelte sich die Bravo zur Triebfeder der lokalen Musikszene. Im Verbund mit den ersten Major Labels, die nach Rumänien kamen, wurde damit begonnen, eine Infrastruktur aufzubauen. Lokale Acts, Musikstudios, Fotoateliers und Booking-Agenturen entstanden nach und nach. Ästhetische Vorbilder waren westeuropäische oder US-amerikanische Interpret:innen. Es wurde abgekupfert, was das Zeug hielt. Zusammen mit dem rumänischstämmigen Produzenten und DJ Phantom, der seinen Wohnsitz von Paris hierher verlegte, wurden Boygroups, Hip Hop- und Dance-Acts gecastet und mit Hilfe der Bravo auf den nicht wirklich kaufkräftigen Markt geworfen.

Als erste identitätsstiftende Jugendkultur der neuen Zeit setzte sich Hip Hop durch. Das Leben in den Banlieues der rumänischen Großstädte eignete sich bestens zur Adaption US-amerikanischer Gangstermythen und die rumänische Sprache kann einen ganz reizvollen Flow entwickeln. Flugs wurde der East-Coast-/West-Coast-Konflikt ins Stadtgebiet von Bukarest zwischen dem südlichen Arbeiter:innenbezirk Pantelimon und die süd-westlichen Satellitenstädte verlegt. Auf der ersten rumänischen Musikmesse 1997 gab es dann einen medienwirksamen Showdown der rivalisierenden Gruppen und ein paar gebrochene Nasen.

Wenig später wurde das Kriegsbeil begraben, da man sich einig war, dass es an der Zeit sei, Geld zu machen.

Seltsamerweise funktionierte die Übertragung von Hip Hop-Codes meist ohne Kenntnis der englischen Sprache. Einen nicht unbedeutenden Anteil an ihrer Verbreitung hatte auch hier die Bravo, die frühzeitig Texte und Erklärungen zur Bedeutung von Graffitis und Breakdance druckte.

Eine geradezu emanzipatorische Rolle fiel der Bravo mit ihren Aufklärungsseiten zu. Alle Fragen der Sexualität waren bis dato Tabu gewesen. Das Echo, das folgte, war entsprechend schrill, die Konfrontation verlief entlang der bekannten Fronten: Kirche, Rechte, »das Alte« versus Intellektuelle, Liberale, »das Neue«.

Ein weiteres Beispiel für das Paradox, dass emanzipatorisches Bewusstsein, das seinem Ursprung nach aus einem kapitalismuskritischen Milieu stammt, in den postkommunistischen Gesellschaften meist von kapitalistischen Instanzen durchgesetzt wird.

Die rumänische Pop-Musik der Gegenwart hat sich weitgehend vom bloßen Imitieren wegbewegt. Die kulturelle Vielfalt dieses Landes ermöglicht Bezugnahme auf verschiedenste Stile. Zum einen wäre da die Gypsy-Connection. Über die früher sogenannte Zigeunermusik, die auch heute noch in jedem besseren Restaurant gespielt wird und die sprachliche Verwandtschaft, stellt sich eine Anbindung an lateinamerikanische und die folkloristisch beeinflusste spanische Pop-Musik her. Zum anderen der Bezug auf orientalische Einflüsse. Die geographische und kulturelle Nähe zu Griechenland, Serbien und Türkei führt seit einiger Zeit zu einem Boom jener Musik, die oft vereinfachend Türk-Pop genannt wird. Einer Kombination aus westlichen Sounds mit orientalischen Beats und Tonleitern. Zusammen mit Reggae, House, Techno oder Hip Hop und entsprechenden Produktionsstandards von Fettheit wird hier zuweilen alles munter postmodern zusammengeworfen. Das Musikbusiness Rumäniens mag einem im jetzigen Stadium vorkommen wie Kinderpostspielereien. Kapitalismus ohne fetten Profit, wo gibt's denn so was? Aber wir wissen ja, das Durchsetzen kapitalistischer Ethik kommt stets vor dem Profit. Wer ernten will, muss säen.

Wegen der chronisch schwachen Kaufkraft verfolgen die Plattenfirmen die Strategie, ihre Tonträger bei einheimischen Künstler:innen zu Preisen anzubieten, die knapp über den Bootlegpreisen liegen. Somit kostet eine rumänische CD um die acht Franken, eine MC etwa vier Franken. Für ausländische Produkte muss mindestens das Doppelte gezahlt werden, wobei 85 Prozent des internationalen Marktes über Schwarzpressungen, meist aus der Ukraine, abgedeckt werden.

Die Konzertsituation im Land ist nach wie vor trist. Es existiert keine funktionierende Infrastruktur von Clubs. Gagen von nichtkommerziellen Acts können ohne Sponsor nicht bezahlt werden, da meist auch kein Eintritt genommen werden kann. Konzerte internationaler Interpret:innen gibt es praktisch nicht. Eine eigenständige DJ-Kultur befindet sich noch in ihren Anfängen.

Was bleibt, sind Playbackshows der bekannten Formationen in den Discos des Landes, meist großspurig präsentiert von Fernsehsendern und westlichen Konzernen.

Die Bravo hat mittlerweile ihr Monopol eingebüßt. Die entscheidendere Rolle bei der Verbreitung neuer Veröffentlichungen spielen die beiden Video-Clipsender des Landes.

Tutzi ist momentan damit beschäftigt, mit Freund:innen und dem Kapital eines britischen Immobilienhändlers, der auch gelegentlich mit David Bowie und Brian Eno zu tun hat, das eigene Label

Extrarecords (inclusive angeschlossener Videoproduktion) auf die Beine zu stellen. Die Tatsache, dass die gesignten Künstler:innen bei ihm zum ersten Mal nachvollziehbare Tantiemenabrechnungen in die Hand gedrückt bekommen, garantiert ihm einen gewissen Vertrauensvorschuss.

Und noch immer bellen die Hunde, wenn es Nacht wird in Bukarest.

Mai 2001

Ey Bayern, checkt das: Tanke bleibt!

Der Kampf gegen Gentrifizierung am Beispiel der
Esso-Häuser in Hamburg-St. Pauli

In quasi allen erfolgreichen Kinderfilmen der letzten Jahre geht es um Gentrifizierung. Ob bei »Shrek«, »Madagascar« oder den Muppets. Immer drängt ein böser, geldgieriger Investor in ein sympathisch heterogenes soziales Milieu. Den Identifikationsfiguren droht die Vertreibung. Der Kampf Gut gegen Böse beginnt, und am Ende siegen Werte wie Freundschaft, Solidarität und Diversität über die Logik des Geldes. Der Investor wird vertrieben.

Das Paradox, dass diese Filme eigentlich immer von den verkommensten Cooperations unter die Leute gebracht werden, will ich hier mal vernachlässigen. Ein Paradox, mit dem wir Stadtteilaktivist:innen uns rumzuschlagen haben, ist der Fakt, dass, auch wenn ein allgemeiner Konsens über den Charme oder die Einzigartigkeit eines gewissen Stadtteils besteht, es nichts nutzt. Was geliebt wird, muss weichen, wenn Investor:innen erstmal ein Auge auf diesen Ort geworfen haben. Das Wesen des Kapitalismus ist es nun mal, keine Ruhe geben zu können, ehe nicht alles sein Antlitz angenommen hat. Soweit so bekannt.

Komischerweise hatten wir in Hamburg – St. Pauli das Unheil nicht kommen sehen. Wir hatten uns in einer falschen Sicherheit gewähnt. St. Pauli als ein Ort, dessen Anziehungskraft im Ungehemmt-die-Sau-Rauslassen-Können besteht, erschien uns nicht gerade als erste Wahl für eine bioladenorientierte Neo-Bourgeoisie oder für Leute, die nach einem repräsentativen Firmensitz suchen. Außerdem bestand durch das Prostitutionsbusiness ein Herrschaftssystem, das parallel zu den legalen Verwaltungsstrukturen das Territorium organisierte. So kann man sich täuschen. In wenigen Jahren entstanden hier dubaieske Wow-Bauten. Seit kurzem wohne ich zu Füßen der »Tanzenden Türme« unweit des »Empire Riverside«-Hotels am »Brauhausquartier«, das eine Reminiszenz sein soll an die früher hier befindliche Astra-Brauerei. Heute ein Areal mit Gated Community-Anmutung, ohne ein einziges Graffiti.

Während bis vor kurzem das Leben an der Reeperbahn gegen halb zehn gemächlich in Gang kam, beginnt nun der Kampf um die Parkplätze unter den Mini-Fahrer:innen kurz nach Sonnenaufgang. Mittendrin, am Spielbudenplatz, dem oberen Teil der Reeperbahn, liegen die sogenannten Esso-Häuser. Das Gebäudeensemble, 1960 fertiggestellt, ist ein vielseitig genutzter Komplex. Es besteht aus einem einstöckigen Gewerberiegel, der gegenwärtig drei Musik-Clubs, mehrere Kneipen, einen Sex-Shop, einen Western-Store und ein günstiges Hotel beherbergt, sowie zwei siebenstöckige Hochhäuser mit insgesamt 107 Wohnungen. Der Utopie von Urbanität jener Zeit folgend, in der das Auto zur Familie gehört, befinden sich hier außerdem die berühmte Kult-Tankstelle, die drittälteste Waschstraße Deutschlands und ein weiträumiger Tiefgaragenkomplex.

Gebaut ist das Ganze als moderner Skelettbau im Geiste des aufgelockerten Bauens, das die Zäsur des Krieges eben nicht vergessen machen und der jungen BRD ganz bewusst ein neues Gesicht und neue Proportionen geben sollte.

Zugegeben, all das stellt sich dem/der Betrachter:in nicht sofort dar. Seit Jahren sind keine Instandsetzungsarbeiten mehr an den Gebäuden gemacht worden. Die immobilienwirtschaftsfreundliche Presse hat leichtes Spiel, das Ensemble immer wieder als »Schandfleck« zu brandmarken.

Trotzdem ist das Gebäude komplett ausgelastet und rentabel. Im Live-Club Molotow haben in den letzten zwanzig Jahren mehrere Generationen der relevantesten Indie-Bands von The White Stripes bis The Killers gespielt, und der Planet Pauli-Club platzt bei den wochenendlichen Partys aus allen Nähten. Die Tanke ist durch diverse

TV-Dokumentationen mittlerweile zu dem Aushängeschild für den rauen, egalitären Charme des Schmelztiegels Reeperbahn geworden. Sie ist Dreh- und Angelpunkt jeder Kiezführung. Anderswo würden Stadtmarketingtypen einen solchen Ort heiligsprechen. An manchen Tagen müssen sie hier Türsteher:innen engagieren, um dem Ansturm an partylustigen Kiezgänger:innen gerecht zu werden. Viele decken sich hier mit günstigem Sprit ein, um auf der Straße am pulsierenden Nachtleben zu partizipieren. Sei es, weil sie sich die Clubs nicht leisten können, sei es, weil ihnen wegen zu migrantischen Aussehens der Zugang zu den Clubs verwehrt wird. Die Waschstraße ist für ihren Service berühmt. Zu den Stammkund:innen zählen traditionell Halbweltgrößen, Fernsehstars und andere Angeber:innen mit protzigen Karossen.

Und in den Häusern selbst findet sich genau jene bunte Mischung an Bewohner:innenschaft, die von der Hamburg Marketing im Zusammenhang mit dem kulturell diversen St. Pauli immer behauptet wird.

Den Alt-Kiezianer:innen (manche leben hier in der dritten Generation) und neu Zugezogenen muss man nichts erzählen von der Stadt der kurzen Wege oder ähnlichen Slogans irgendwelcher neunmalkluger Stadtvermarkter:innen. Urbanität = komprimierte Unterschiedlichkeit ist hier Alltag. Außerdem wissen sie sehr gut, warum sie gerne in genau diesen Wohnungen wohnen. Manche schätzen den klassisch modernen Vintagestyle der 60er Jahre. Andere die Tatsache, dass sie ihre vier Wände über Jahrzehnte in Eigenleistung nach ihren Wünschen gestaltet haben.

Eine Ursache für die Verdrängung auf St. Pauli ist auch, dass viele günstige Wohnungen in den letzten Jahren renoviert wurden, ohne dass wir gefragt worden wären, ob wir dieses Aufmotzen überhaupt wollten. Bescheidener Standard - billige Miete schien uns ein OKer Deal. Viele sind schon weggezogen wegen dieser angehobenen Standards und der Unmöglichkeit, die Miete weiterhin aufbringen zu können. Oder weil bestimmte Lebensformen wie zum Beispiel große

WGs oder das Modell Großfamilie durch die Verkleinerung vieler Wohnungen gar nicht mehr möglich sind.

Wie im letzten Muppets-Film beginnt die eigentliche Geschichte mit dem Verkauf dieser Immobilie im Mai 2009. Die Käuferin ist die Bayerische Hausbau aus München. Ihr Slogan lautet: Werte, die bleiben. Wenn man ihr Glauben schenken will, hatte sie in Vorgesprächen die Sache mit der Politik im Groben ausgedealt, lange bevor die Öffentlichkeit wusste, wer das Gelände gekauft hatte. Nach Abriss und Neubau sollte es einen Mix aus Eigentums-, frei finanzierten und Sozialwohnungen geben. Während die Bayerische Hausbau 50 Prozent Eigentumswohnungen rausschlagen will und 25 Prozent Sozialwohnungen anbietet, verlangen SPD-Politiker:innen eine Ein-Drittel-Lösung der jeweiligen Wohnungskategorien sowie ein Rückkehrrecht für die jetzigen Bewohner:innen.

Einig waren sich Lokalpolitiker:innen und Premiuminvestor:innen in ihrer bevormundenden Einschätzung, dass es sich bei derartigen Häusern um Bausünden handele, ein Leben in solchen Häusern unwürdig sei und ein Neubau eine Wohltat für alle Betroffenen wäre.

Die Tatsache, dass sich die gewachsene soziale Struktur und zum Beispiel der Begriff davon, was öffentlicher und privater Raum ist, durch einen Wohnblock mit zahlungskräftigem Klientel elementar ändert, wird stets kleingeredet. Wer solche Bedenken anmeldet, dem wird stets eine kleinliche Angst vor dem Neuen unterstellt.

Tatsächlich befand sich der Kiez immer in permanenter Veränderung. Das ist eine Binsenweisheit und war bisher für die Wenigsten von uns ein Problem. Aber es gibt einen Unterschied zwischen den Leuten, die hier auf Basis dessen, was sie vorfinden, Geschäftsideen und Leidenschaften entwickeln, Räume umdeuten, sich neu aneignen, ihre Nische suchen – und einem Investor, der einen Häuserblock kauft und dann mal schaut, wie viel Profit er aus der Fläche rausschlagen kann, scheißegal, wie der Ort codiert ist.

Eine Lobby für den Erhalt der Nachkriegsarchitektur gibt es in Hamburg sowieso nicht. Was will man auch erwarten von dieser

Kaufmannsstadt, die im 19. Jahrhundert ihren frühgotischen Dom abgerissen hat und in den 70er Jahren des 20. Jahrhunderts den neoromanischen Gründerzeit-Bahnhof in Altona.

Im November 2010 will sich die Bayerische Hausbau im Festsaal des FC St. Pauli-Stadions endlich bei einem »Planungsworkshop« den direkt Betroffenen und dem Stadtteil präsentieren. Der leicht durchschaubare Anbiederungsversuch, einen stadtbekannten Mediatoren zuvor mit einem FC St. Pauli-Schal durch die Häuser zu schicken, war schon mal kein so guter Start. Bei der Veranstaltung selber gibt es gleich zu Beginn die ersten Lacher für die Aussage, die Bayerische Hausbau wäre genauso wie der Tankstellenbetreiber und Vorbesitzer Schütze ein Familienunternehmen, dem eine gute Nachbarschaft am Herzen läge. Keine schlechte Familie, bei einem eingetragenen Immobilienvermögen von 2,6 Milliarden Euro. Mit prestigeträchtigen Großprojekten, zum Beispiel bei Stuttgart 21, plus dem Besitz mehrerer großer Brauereien und einer Flugzeugleasingfirma.

Es schlägt die Stunde der Muppets. Im Stil einer aufmüpfigen, auf Krawall gebürsteten Schulklasse wird die wohlgeplante Dramaturgie dieser Einlullungsveranstaltung durcheinandergewirbelt. Die rhetorische Vielfalt der Wortbeiträge ist beeindruckend. Die Palette reicht von prolliger Beschimpfung über empörte Bürger:innen-Haltung bis zu feinen ironischen Spitzen und fundiertem städtebaulichen Fachjargon.

Nach fast zwei Stunden turbulenten Streits, in dem die Vertreter:innen der Hausbau gebetsmühlenartig von der Alternativlosigkeit eines Abrisses sprechen, gibt es dann plötzlich ein abruptes Umschwenken des um Contenance bemühten Hausbau-Chefs. Mit echtem oder gespieltem Erstaunen sagte der Mann: »Da die Bewohner offensichtlich sehr stark an der gewachsenen Bebauung hängen, prüfen wir, ob eine Sanierung mit zusätzlicher Bebauung als Alternative zu einem Neubau wirtschaftlich darstellbar sei.«

Das war der erste Auftritt der kurz zuvor formierten »Initiative Esso Häuser – wir sind kein Objekt«, die aus Bewohner:innen, Gewerbetreibenden, Anwohner:innen und Gemeinwesenarbeiter:innen besteht.

Seit dem Jahr 2009 war das Fass, auch anderswo in Hamburg, zum Überlaufen gekommen. In einer rasanten Abfolge von Ereignissen manifestierte sich an den unterschiedlichsten Orten und auf verschiedenen Ebenen der Widerstand gegen die von stupidem Kaufmannsgeist getragene Politik der ersten schwarz-grünen Koalition Deutschlands. Vor allem das Dogma, öffentliche Flächen vorzugsweise an den Höchstbietenden zu verscherbeln, hatte den Verdrängungsdruck überall in Hamburg verschärft. Die Besetzung des Gängeviertels, wo es Künstler:innen und Kulturschaffenden gelang, ein Areal mit uralten Fachwerkhäusern vor dem Abriss durch einen niederländischen Investor zu bewahren, war dabei die spektakulärste Aktion. Das Recht auf Stadt-Netzwerk begann, schlagartig zu wachsen und seine Erfahrungen auszutauschen. Mittlerweile wird es von etwa fünfzig Initiativen getragen.

Im Konflikt um die Esso-Häuser begann die Phase des diplomatischen Eiertanzes. Im Wissen, dass sie auf das Wohlwollen der Bewohner:innen angewiesen sind, gaben sich die Leute von der BH beim ersten Treffen menschlich. Der Projektleiter mimte Verständnis für unsere aus seiner Sicht wahrscheinlich total versponnenen Vorschläge. Wir hatten in der Ini nämlich eine Wunschproduktion durchgeführt. Während angestammte Bewohner:innen etwa fanden, die Grünfläche zwischen den beiden Häusern ließe sich gut in Schrebergartenparzellen aufteilen, gab es von Politaktivist:innen eher Vorschläge wie einen Sex-Shop für Frauen oder die Aufstockung der Gebäude mit Lofts für Harz-IV-Empfänger:innen. Unser Angebot, eine Zubebauung mitzutragen, wurde freundlich zur Kenntnis genommen.

Beim nächsten Mal erschienen sie dann mit ernsten Mienen: Zwei Gutachten würden leider, leider belegen, dass ein Erhalt wirtschaftlich nicht sinnvoll sei. Außerdem würde Sanierung bedeuten, dass die Bewohner:innenschaft für einen längeren Zeitraum umsiedeln müsste und da wäre es doch besser gleich, was hübsches Neues zu bauen.

Auf welcher Basis die Wirtschaftlichkeit berechnet wird, bleibt bis heute das Geheimnis der BH. Wir wissen noch nicht mal, wie viel die Bayern für das Gelände eigentlich gezahlt haben.

Die Zeit schien reif, um die Medienkarte zu ziehen. Das Resultat der Pressekonferenz im Planet Pauli Pub im Juni 2011 waren große Artikel in sämtlichen Hamburger Zeitungen. Der Tenor war: »Bewohner der Esso-Häuser sagen – Wir lassen uns nicht vertreiben.« Dazu Bilder von den Betroffenen, die allesamt zum ersten Mal in ihrem Leben politisch aktiv sind. Zum Beispiel von Evi, der 65-jährigen Kiez-Klofrau mit Totenkopf-Shirt und geballter Faust (sie wohnt mit ihrem 10-jährigen Enkel in den Häusern) oder von Julia, Oksana und Nabila, drei stylesicheren jungen Psychologiestudentinnen mit ukrainischem bzw. afghanischem Background.

Außerdem initiierte der windige Lokalreporter vom Springers Abendblatt, das paradoxerweise die Recht auf Stadt-Bewegung von Beginn an supportet hat, auf eigene Faust einen »Aufschrei Hamburger Kulturschaffender«. Erst veröffentlichte er ein Interview, das er mit mir gemacht zu haben meinte, und ließ mich frei erfunden zu einer Kunstaktion aufrufen, mit der die Reeperbahn blockiert werden sollte (gute Idee eigentlich, nur nicht von mir), dann sammelte er Statements von Prominenten wie Udo Lindenberg, die sich mit Sätzen wie: »Sie zerkloppen Stein für Stein unsere alte Heimat für die aufgeblasenen Schicki-Micki-Vampire« reflexhaft solidarisierten. Worte wie Heimat oder pauschale Yuppie-Vorwürfe versuchten wir eigentlich immer zu vermeiden, aber egal. Es war gelungen, die weichenstellende Bedeutung dieses Grundstücks ins öffentliche Bewusstsein zu rufen.

Was folgte, waren zwei von uns einberufene Runde Tische. Sie zeigten, wie wenig die BH von diesem Ort versteht. Erster Fauxpas: das Bekanntwerden einer Mietaufhebungsvereinbarung, die die BH vorbereitete. Der Entwurf enthielt entgegen der öffentlichen Verkündigung kein einklagbares Rückkehrrecht zu gleichen Konditionen. Die Bezirkspolitiker:innen, von deren Votum ein Neubau abhängt, waren nicht amused. Der zweite Runde Tisch endete mit dem Ergebnis, dass ein gemeinsam in Auftrag zu gebendes Gutachten technische Fragen klären und verschiedene Szenarien durchspielen soll. Am 7. Februar 2012 erklärte die BH einseitig den Runden Tisch für beendet. In einer Pressekonferenz verkündete sie in Verkennung der politischen Stimmungslage den Abriss und zog unsere Legitimität und Verhandlungsbereitschaft in Zweifel. Bild titelte: »Endlich: St. Pauli-Schandfleck kommt weg.« Die düpierten Politiker:innen schalteten auf stur und verwiesen darauf, dass es eine Änderung des Bebauungsplans nur bei einer Einigung mit Mieter:innen und dem Stadtteil gibt. In einer Bezirksversammlungssitzung, die eine große Zahl von Recht auf Stadt-Aktivist:innen nach einer Weißbierverschüttungsaktion vor der Bayerischen Hausbau-Vertretung aufsuchten, hörten wir mit Erstaunen, dass sogar eine FDP-Abgeordnete davon sprach, wie ungeeignet die BH als Investorin für St. Pauli sei.

Der Versuch der BH, den Dialog mit den Mieter:innen ohne die Ini anzuleiern, kommt seither nicht richtig in Gang. Unlängst sollte dafür wieder der Festsaal des FC St. Pauli gemietet werden, doch auf Druck der Fans wurden sie kurzfristig ausgeladen. Corny Littman, der Pate vom Spielbudenplatz, sprang zwar als Gastgeber in die Bresche, doch in der Veranstaltung hatten die Muppets wieder die Oberhand mit ihrer nervtötenden Renitenz. Der andere Teil der Ini, dem der Einlass verwehrt worden war, feierte vor dem Eingang eine blauweiße Gaudi mit ohrenbetäubender Blasmusik.

Mittlerweile hat die Ini Unterschriften von zwei Dritteln der Mieter:innenschaft gegen den Abriss. Es könnte so kommen, wie ein Erstbewohner dem erwähntem Mediator gleich zu Beginn sagte: »Ihr kriegt mich hier nur im Sarg raus.«

Juni 2012

Ich würd's so lassen

Die ewige Debatte um die Rote Flora, dem ältesten besetzten Haus Deutschlands

Das hatten wir Salonanarchist:innen uns so schön gedacht: Wir trommeln ein paar bekannte Acts zusammen, die das St. Pauli-Stadion füllen können, spielen mit dem Konzert den Kaufpreis von 370.000 Mark ein, den der Spekulant Kretschmer vor zehn Jahren für die Rote Flora unterm Ladentisch hingelatzt hatte, und dann gehen wir als bunt gemischter Haufen mit einem Koffer voller Geld in dessen Büro und sagen: Hier ist der Zaster, rück die Flora raus. Und gut ist.

Wir fanden, diese Aktion wäre eine schöne Mischung aus verantwortungsvollem Bürger:innenengagement und cooler Mafiabehaviour. Sie würde im besten Fall die ewige Zitterpartie um die Flora beenden und im ungünstigeren, bei einer Ablehnung, die andere Seite zumindest in Argumentationsnotstand bringen. Denn was soll der Kulturfreund Kretschmer, dem es angeblich nicht ums Geld geht, dagegen sagen, wenn ihm Künstler:innen und Aktivist:innen in uneigennütziger Absicht den Laden abkaufen wollen, um ihn dann gemeinsam mit den Florist:innen zu dem zu erklären, was er seit über zwanzig Jahren eh schon ist: Ein Ort für Leute, die sich den Umgang unter Menschen als etwas anderes denken können als einen von ökonomischen und patriarchalen Zwängen bestimmten.

Nun, zu diesem Konzert kam es nicht. Nicht nur wegen Terminschwierigkeiten einiger Bands oder dem Problem, die geeigneten Orte zum richtigen Zeitpunkt zu bekommen, sondern vor allem aus dem einfachen Grund, weil das Plenum der Roten Flora sich gar nicht selbst gekauft haben wollte.

Was mir erst wie anarchofundamentalistische Verweigerungsfolklore vorkam, ist bei näherem Hinsehen eine weise, geradezu realpolitische Entscheidung. Die Rote Flora wurde 1989 erkämpft und ist seither besetzt. Würde sie in einen abgesicherten juristischen Rahmen überführt, geriete sie in kürzester Zeit unter die Knute sämtlicher engherziger Behördenbürokrat:innen dieser Stadt, die unter irgendwelchen Vorwänden anfangen würden, die alternativen Organisationsformen der Flora zu bekämpfen. Als abschreckendes Beispiel sei das Vorgehen des Bauamtes beim Gängeviertel genannt, wo ein paar Wochen nach der Legalisierung diverse Räume erstmal dicht gemacht wurden.

Nicht dass die Flora ihren Strom, die GEMA oder den Müll nicht bezahlen würde. Oder die Statik des Gebäudes nicht auch regelmäßig überprüfen ließe. Anders als andere Orte kollektiver Aneignung wie dem Gängeviertel verfolgt sie aber eine Fundamentalopposition. Sie versucht, eigene, auch utopische, Prinzipien gegen die herrschenden rechtsstaatlichen durchzusetzen. So lautet ihr Lösungsvorschlag in der aktuellen Auseinandersetzung: Austragung aus dem Grundbuch.

Manche mögen das für skurril oder altmodisch halten. Aber entgegen der gelegentlich auch von Kretschmer oder der taz geäußerten Behauptung, die Rote Flora sei als politischer Ort isoliert und gescheitert, solidarisierten sich Ende des letzten Jahres im Zuge der Roten-Flora-Festspielwoche viele Gewerbetreibende der Schanze, Anwohner:innen und große Teile der Hamburger Musik-, Club- und Kulturszene. Ein paar tausend Leute unterschrieben den Aufruf »Ich würd's so lassen«, der mit dem Satz endet: »Wer immer mit dem alten Gemäuer am Schulterblatt spekulieren, damit dealen oder es räumen lassen will, bekommt es mit uns zu tun.« Die Rote Flora ist Hamburgs größter Amüsier-, Benefiz- und Debattier-Tempel für die außerparlamentarische Opposition. Hamburgs größtes Jugendzentrum, an dem nicht Behörden, Flatrate-Sauf-Gastronomen oder Praktikant:innenstadl-Betreiber:innen die Aufsicht führen. Sie ist

Frauenboxverein, Archiv der sozialen Bewegungen, vegane Volksküche, Bandproberaum, Motorradselbsthilfe. »Die Rote Flora«, so schreibt das Kollektiv, das sie besetzt hält, »ist immer nur genau das, was in sie hineingetragen wird.«

Mai 2011

Ein Tag Prag

Die Kämpfe gegen die IWF- und Weltbank-Tagung
nach den Ereignissen von Seattle

*Wer mit zwanzig kein Anarchist gewesen ist,
aus dem wird nie ein guter Demokrat.*
F.S.K. nach Herbert Wehner

Was bei Olympia einmal das Dabeisein gewesen ist, war im Post-Seattle-Prag die Frage: Wie viel? Wie viel Demonstrant:innen, wie viel Bullen, wie viel Verletzte, wie viel Verhaftete, wie viel Sachschaden?

Straßenkampfszenen sind ein Genre für sich innerhalb des medialen Spektakels. Wenngleich nahezu ohne ästhetische und technische Veränderungen seit den 60er Jahren praktiziert, immer noch gern gesehen und gern gesendet.

Auch wenn derartige Gelegenheiten für alle Beteiligten (Aktivist:innen, Presse, Staatsgewalt) seltener geworden sind, scheinen sich die gebotenen Anlässe einer ungebrochenen Beliebtheit zu erfreuen. Zumal, wenn sie international sind und sich, wie in diesem Fall die linksradikale Jugend vornehmlich Europas anschickt, sich mit einer bisher unbekannten Größe zu messen, der tschechischen Polizei.

Um es gleich klarzustellen, dies ist im Zweifelsfall kein Plädoyer gegen, sondern für Militanz, auch wenn sie durch ihre zwangsläufige Ritualisierung zuweilen folkloristische Züge angenommen hat.

Anders als in offen repressiven Staaten zeigt die Erfahrung der meisten westlichen Protestbewegungen, dass der Bruch des staatlichen Gewaltmonopols oftmals die notwendige symbolische Polarisierung schafft, um eine wirkliche Frontstellung unterschiedlicher Positionen sichtbar zu machen. Immer natürlich als ein Element unterschiedlicher Widerstansdformen und nie nur als Selbstzweck.

Ohne die Bilder von brennenden Barrikaden und heroischen Kämpfer:innen, die übermächtigen Wasserwerfern trotzen, – Menschen, die offenbar unbezahlt ihre Gesundheit aufs Spiel setzen, hätte doch kein Mensch geglaubt, dass irgendwer irgendwas ernst meinen würde. Das Auge liest den Einsatz des eigenen Körpers als ein Argument der Glaubwürdigkeit für welche Ziele auch immer, und außerdem erscheinen heute, salopp gesagt, die Bilder von lächelnden Gutmenschen zum Kotzen langweilig im Vergleich zur ungebrochenen Faszination, die von ein bisschen Zerstörung ausgeht. C'est la vie.

Bezeichnenderweise bekamen die Spekulationen über die erwarteten Straßenschlachten und die Berichterstattung nach dem 26. September 2000 eine größere Öffentlichkeit als der Gipfel selbst, geschweige denn der am vorausgehenden Wochenende tagende Gegengipfel. Was hängen bleiben wird, ist, wie die Financial Times feststellte, die Gewissheit, dass die Verantwortlichen von IWF und Weltbank fürs Erste nirgendwo mehr entspannte Kongresse abhalten werden können. Dass überall irgendwelche Nervensägen lauern, die es sich nicht nehmen lassen, in die Suppe zu spucken.

Aber der Reihe nach.

Die tschechische Hauptstadt hatte im Vorfeld des IWF-Gipfels eine beispiellose Hysterie erlebt. Presse und offizielle Stellen malten ein farbenfrohes Schreckensszenario von den zu erwartenden Horden. Kinder bekamen eine Woche schulfrei, Bewohner:innen der betroffenen Stadtteile wurde geraten, aufs Land zu fahren. Ladenbesitzer:innen, ihr Häusle zu verbarrikadieren, mindestens aber dichtzumachen und derlei mehr. An die 8000 Polizist:innen und mehrere tausend Angehörige des Militärs wurden eintrainiert.

Für den Kongress galt die unbedingte Devise: bloß nicht blamieren. In den Verhaltensanweisungen wurden Bedienstete beispielsweise angewiesen, Deos zu benutzen und das Hemd nicht in die Unterhose zu stecken. Den Student:innen, die als Aushilfschauffeur:innen für die bereitgestellten Limousinen des Hauptsponsors Audi angeheuert worden waren, wurde empfohlen, sich kundig zu machen, um den Gästen auch bei abwegigeren Freizeitwünschen mit Rat und Tat zur Seite stehen zu können.

Dienstag, 26. September, 9:30 Uhr am Náměstí Míru, der Tag der geplanten Blockade.

Langsam füllt sich der Platz vor der Kirche unweit des Wenzelsplatzes. Neben ein paar kleineren Gruppen von Schwulen und Lesben und vereinzelten Umweltaktivist:innen dominieren eindeutig anarchistische und autonome Gruppen. Leute aus Tschechien, Spanien, Italien und Deutschland scheinen den größten Teil auszumachen, vereinzelt ist auch Dänisch, Französisch, Polnisch, Türkisch, Griechisch und Österreichisch sowie britisches und amerikanisches Englisch zu hören. Die meisten der Anwesenden machen einen recht jungen Eindruck.

Britische Trotzkist:innen bieten ihre Zeitung an und haben schlauerweise Unmengen von Plakaten auf Holzlatten vorbereitet, die gerne auch von undogmatischen Aktivist:innen genommen werden. Die Parolen sind common sense: »Drop the dept«, »Our world is not for sale«. Der Schriftzug Socialist Worker lässt sich leicht wegknicken. Anstelle von Wortbeiträgen läuft der obligatorische Dub-Reggae. Ich wüsste zu gern einmal, wer mit wem und wann zu der Übereinkunft kam, dass Dub-Reggae die ultimative Musik der guten Sache ist, aber wir sind hier ja nicht in der Disco.

Über den Wartenden bewegt sich ein riesiger Gummiball mit der Aufschrift »Balls to the IMF«. Hier und da werden Transparente entrollt, Verkleidungen oder Kampfoutfits angelegt. Die spanischen Vertreter:innen der ruhmreichen CNT haben rote Bauarbeiterhelme, die italienische Autonomengruppe »Ya Basta« weiße Overalls, die mit Kissen oder Schaumstoff ausgepolstert sind. Die original Seattle Riots Marching Band, bestehend aus einer Dirigentin in Phantasyrüstung und circa zehn Trommler:innen mit schwarzen Fellmützen und schwarzen Fahnen mit grünem Kreis, nimmt Aufstellung. Ansonsten werden klassische Outfits getragen: Schwarze Kapuzenjacken, Lederjacken und Palästinensertücher.

Irgendwann setzt sich der Zug ohne zentrale Koordination in Bewegung. Das strategische Konzept ist, sich in drei Züge aufzuteilen, also folgt man den gelben, blauen und pinkfarbenen Fahnen. Wie vom Skifahren bekannt lässt sich zwischen 3 Schwierigkeits-, sprich Eskalationsgraden wählen. Von passivem Widerstand mit Sitzblockade bis offensivem Straßenkampf. Nachdem die mittlerweile circa 10.000 Demonstrant:innen ein paar Blocks gemeinsam in der Innenstadt zurückgelegt haben, trennen sich die Wege. Die Gelben nehmen die direkte Route zum Kongresszentrum über die Stadtautobahn und werden an der 40 Meter hohen Brücke zum Stehen gebracht. Als es nach mehreren Stunden öden Rumgestehens zu kleineren Scharmützeln kommt, müssen die italienischen Genoss:innen leider auf ihren unter mysteriösen Umständen gecharterten Zug. Die 1000-köpfige Gruppe verlässt die restlichen Teilnehmer:innen mit der Order, die Stellung zu halten.

Unten im Tal tobt bereits die Schlacht. Bei den Blauen steuern allen voran die Mitglieder der CNT schnurstracks auf die Barriere am Fuße der schmalen Zufahrtsstraße zum Kongresszentrum zu. Nach kürzester Zeit stehen die tschechischen Sondereinheiten in einem Hagel eilig ausgegrabener Steine und Holzlatten. Die ziemlich überforderte Polizei beschränkt sich auf Stellung halten, die Beamt:innen werden ständig ausgetauscht. Vereinzelt fliegen Molotow-Cocktails, die aber den rundumverschalten Beamt:innen nichts anzuhaben scheinen. Für einen Moment steht ein Riot Police Beamter in Flammen. Im nächsten Moment wird er vom eigenen Wasserwerfer gelöscht. Dazwischen paradiert unbeirrt die Seattle Riots Marching Band.

Trotz dauerndem Wasserwerfereinsatz, immer kürzeren Intervallen von Gasgranatenbeschuss und ersten Verletzten bleibt die Stimmung ungetrübt, der sportliche Ehrgeiz ungebrochen. Hier und da sieht man im dichten Gasnebel ein erbeutetes Schild oder einen Knüppel, dort eine qualmende Kartusche.

Szenenwechsel. Völlig überraschend ist es uns gelungen, unbehelligt auf dem Fußweg zu der Plattform der Metrostation Vyšehrad heraufzulaufen. Während an drei Fronten martialische Kampfszenarien aufgebaut sind, stehen hier ein paar hundert Demonstrant:innen Auge in Auge mit Hostessen, Wachpersonal, Polizei und Konferenzteilnehmer:innen, die nur eine Stockwerkhöhe über uns heruntergaffen. Und prompt zeigt sich auch ein starkes ästhetisches Defizit. Verschiedene althergebrachte Symbolismen werden halbgar durchdekliniert: Sit-in, US-amerikanische Flagge verbrennen, Sprechchöre (»Smash, smash, smash the IMF«), persönliche Beschimpfungen. Der Gipfel der Peinlichkeit ist für mich persönlich, als ein Trompeter die Internationale anstimmt (vorher gab's schon die Moldau und Mackie Messer) und ein Dutzend jugendlicher Aktivist:innen im Hippiepunkoutfit andächtig die linke Faust recken. Ich denke an das Verhältnis meiner tschechischen Freund:innen zu derlei Brauchtum und daran, ob es nicht eher rufschädigend ist, den IWF-Teilnehmer:innen einen derartigen Einblick in unsere Stilunsicherheit zu geben. Als aus der zweiten Reihe dann ein Ei an die Balkonmauer klatscht, schreien mehrere von denen, die eben mitgesungen haben, den Werfer an: »Stop the violence!«

Niemand scheint auf diese Situation vorbereitet zu sein. Niemand, mich eingeschlossen, tritt in die offene Situation und vermag ein Statement zu machen, das die Kategorien und Erwartungshaltungen der anderen Seite zum Wanken brächte oder auch nur rhetorisch die Legitimation des Widerstandes gegen die tagenden Institutionen formulierte.

Wieder unten im eher proletarischen Stadtteil Nusle zeigt sich, worin die Stärken der Aktivist:innen liegen. Wir passieren drei kokelnde Barrikaden, die rücksichtsvollerweise ohne Verwendung von Privateigentum der Einwohner:innenschaft des Viertels gebaut worden waren. Drei verbeulte Wasserwerfer und ein vollgesprühter

Panzer kommen uns entgegen und mehrere kleinere Bullenzüge, denen der Frust anzusehen ist. Nun ist die Zeit der Revanche. Völlig hilflos beobachten wir, wie einer dieser Züge ausbricht und auf ein paar friedlich herumstehende Leute eindrischt. Mit »empörter Bürger fordert Rechtsstaat« ist hier nichts. Ein paar der Schläger:innen lassen von ihren Opfern ab und machen knüppelschwingend Marsch auf uns. Gerade so gelingt es uns, über die Bahngleise zu flüchten und in sicherer Distanz zu beobachten, wie die armen Teufel weiter eingemacht und abtransportiert werden. Wir ahnen nicht, dass dieses Vorgehen Methode hat und dazu führt, dass in der kommenden Nacht, nach der erfolgreichen und friedlichen Blockade der Oper, 600 bis 800 Leute einfahren werden. Gemeinsam mit völlig unbeteiligten Passant:innen sind sie es, die den geballten Hass der Prager Polizei abbekommen. Zum Erstaunen der tschechischen Presse sind die meisten der Verhafteten Staatsbürger:innen Tschechiens, sie werden wohl auch die Hauptopfer der anstehenden Prozesse sein.

Von der pinkfarbenen Route wird später erzählt, ihr wäre es als einziger gelungen, mithilfe einer Kriegslist eine Polizeikette zu durchbrechen. Verschiedene Aktivist:innen aus dem Schwulenblock sollen unter ihren Dragqueen-Outfits komplette Kampfmontur getragen haben, die sie im richtigen Moment einzusetzen gewusst haben. Die Begebenheit am Tagungsbalkon liest sich auf der Webseite der Prag-Aktivist:innen im Nachhinein weitaus heroischer, als es sich angefühlt hatte.

Weitere Resultate des Gipfels sind: mit Sorgfalt ausgewählte entglaste Filialen des Globalkapitalismus und der vorzeitige Abschluss der IWF- und Weltbanktagung.

Die Blockade des Kongresszentrums führte dazu, dass die Audis stehen gelassen werden mussten und die Teilnehmer:innen letztlich mit der Metro aus der Festung herausgeschleust wurden. Statt in die Oper ging es ohne krönenden Abschluss in die Hotels. Und vor denen lärmten dann die ganze Nacht über kleine mobile Gruppen.

Eine surreale Begegnung ereilt uns, als wir auf dem Weg zum

Abendessen bei einem Freund in die Metro einsteigen wollen. Ein vollbesetzter Zug kommt zum Stehen, die Türen bleiben verschlossen. Kurze Schrecksekunde. Der Zug fährt an und uns wird klar, dass es sich bei den Herrschaften da drinnen in schicker Abendgarderobe um jene handelt, gegen die wir den ganzen Tag ankrakeelt haben. Für ein paar Sekunden stehen wir uns glotzenderweise auf kürzester Distanz gegenüber. Und dann ist sie wieder weg, diese Erscheinung.

Oktober 2000

Andacht in Klanggewittern

Das Sónar-Musikfestival in Barcelona im Jahr 2000

Barcelona, du Schöne, denke ich, als ich am Plaza de Cataluña aus dem Bus steige und mich dank einiger Freundinnen als Zaungast für Festivalglamour in einem nahe gelegenen 4-Sterne-Hotel einquartiere. Eigentlich hat diese Stadt ihren Charme und ihre Kultiviertheit, die noch jede:n Fremde:n eingenommen hat, einem Bürgertum zu verdanken, das sich für die politische Bevormundung in einer zentralistischen Monarchie mit prunkvollen Plätzen, großzügigen Parks und prächtigen Häusern rächte.

In den letzten Jahren sind mir immer wieder Leute begegnet, die nach dem Sónar-Festival ihre Emigration nach Barcelona mit derartiger Überzeugung bekannt gaben, dass es den Anschein hatte, als wären sie nur noch zum Packen der Umzugskartons zurückgekommen. Damit ernst gemacht hat meines Wissens bislang nur eine kleine Gruppe finnischer Immigrant:innen, unter ihnen Jimi Tenor und die Leute von Pan Sonic.

Anders als bei der Popkomm in Köln oder der Midem in Cannes geht es beim 7. Sónar-Festival of advanced Music and Multimedia Art weniger um Deals, Promotionstrategien oder um die Inszenierung eines touristischen Massenspektakels. Vielmehr geht es dem Kulturamt und dem Centro de Cultura Contemporània als Ausrichter darum, alle wichtigen Stränge der elektronischen Popmusik sichtbar werden zu lassen und besonders experimentellen Spielweisen einen exponierten Platz zu bieten.

Die Wirkungsstätte des Festivals ist auf wenige Orte begrenzt. Tagsüber findet es auf dem Gelände des Museums für zeitgenössische Kunst statt und stellt eher das Zuhören in den Vordergrund. Nachts steigt die Party auf einem Areal am Playa de la Mar Bella. Auf vier Bühnen gibt es zwischen 12 Uhr mittags und 6 Uhr morgens Liveacts und DJs. Außerdem gibt es einen Ausstellungsteil, thematisch gegliederte Panels sowie ein Zelt, in dem Plattenfirmen, Agenturen und Plattenläden Stände aufgebaut haben. Die monumentale, gläserne Fassade des Museums für zeitgenössische Kunst taucht aus dem Gewirr kleiner Straßen seitlich der Ramblas auf. Wann haben die denn das hingestellt? War hier nicht früher das berüchtigte Chinaviertel? Ich kann mich auch täuschen, aber es ist ein städteplanerischer Klassiker, »soziale Brennpunkte« mit Hochkultur zum Verschwinden zu bringen. Nachdem mich das Geschehen eingesogen hat, vergesse ich, der Frage auf den Grund zu gehen.

Überall Soundchecks – jetzt also wieder all der Krach, denke ich, als ich durch die Halle im Keller gehe, in der zu meiner Verwunderung gerade langhaarige Tontechniker fortgeschrittenen Alters die PA mit grauenvollstem Bluesrock einhören. Das Thema der in den Katakomben des Museums stattfindenden Ausstellung ist »re-present! Berlin«. Hier steht nebeneinander vereint, was sich irgendwie in den Berlin-Mitte-Hype quetschen lässt. Unangenehm fällt gleich zu Anfang die Präsentation diverser Grafik- und Designagenturen auf. Anhand der angegebenen Auftraggeber:innen wie Adidas, Die Zeit oder Daimler-Chrysler bekommt mensch recht eindringlich klar gemacht, dass hier ein kommendes Establishment in den Startlöchern sitzt. Ganz spielerisch und ohne Scheuklappen an die Macht. Oder besser, mit der Macht via Standort Mitte. Unter ihnen stellt sich auch die Gruppe »Die Gestalten« vor, die in ihrem Diaprojektor neben Plattencovers von Danceacts, diversen Flyern und Produktwerbung zwei Coverabbildungen der »unpolitischen« Rockband Böhse Onkelz Karussell fahren lässt. Bloß nicht immer so negativ, denke ich und kann es doch nicht lassen, mit einem Freund zusammen eine sachlich gehaltene Notiz anzubringen, welche die Geschichte der Naziband Böhse Onkelz erklärt und die Frage stellt, was diese Band, mal vom Politischen abgesehen, in so einem Kontext überhaupt zu suchen hat. Am Abend ist der Zettel verschwunden.

Aber es gibt auch ansprechende Dinge. Eine Installation der Gruppe Honey-Suckle Company etwa. Sie lässt eine mechanische Band, bestehend aus einem Keyboard, einer angesteuerten Snare Drum und einer von einem Ventilator gespielten Gitarre nonstop dudeln. Oder der »Sell out«-Stand der Chicks on Speed: Zwei junge Schauspielschülerinnen verscherbeln dort seltsame Produkte, die den internationalen Medienhype des letzten halben Jahres reflektieren. Und natürlich gibt es auch jede Menge mehr oder weniger originelle Video-Art, viel animiertes Spielzeug, interaktiver Kram... Bunt und facettenreich wie Berlin eben – aber ich sagte doch: bitte nicht immer so negativ.

Draußen auf dem Hof des Museums, vor der großen Bühne, liegen Menschen entspannt in der Sonne. Spanische Acts und DJs zeigen eher Unspektakuläres. Unriskante House-Sets, ordentliches Knöpfchengedrehe, Leistungsscratching und landessprachlicher Hip Hop, wie er von Hamburg bis Bukarest und von Marseille bis Valparaíso existiert. Nebenan hat der Hauptsponsor, eine spanische Onlinefirma, einen Computerpark aufgestellt. Im Sónar-Lab um die Ecke, wo Leute unter einem großen Zeltdach auf Gartenstühlen vor sich hin chillen, ist das Terrain der Laptop-Performer:innen und der Labelbetreiber:innen experimenteller Musik.

Das musikalische Programm selber ließe sich grob in drei Formen der Präsentation aufteilen: 1. Das DJing, das nach wie vor für die Party sorgt und ohne herkömmliche Bühnensituation auskommt, aber die Voraussetzung sowohl für die kollektive als auch die individualisierte Wahrnehmung der Musik schafft. 2. Die expressive theatralische Darbietung. Sie bringt den in den letzten Jahren verloren gegangenen Showaspekt zurück und wird dank der Befreiung vom authentischen Spielen von Instrumenten um Handlungen erweitert, die nicht unmittelbar mit der Musik verbunden sind. 3. Die eher introvertierte Knöpfchendreherei und Laptop-Performance, die, vergleichbar mit der klassischen Musik, nur den unmittelbaren Prozess der Produktion zur Schau stellt und die ganze Aufmerksamkeit des Publikums aber auf das Zuhören konzentriert.

Die Auswahl der DJs bot die größte anzunehmende Bandbreite und vereinte eine große Anzahl profilierter alter Hasen (sehr weniger Häsinnen). Patrick Pulsinger gibt sich als gewohnt virtuoser Stilvermischer, Richie Hawtin fährt ein risikoloses Rave-Brett, DJ Hell als Elder Statesman spielt zwischen Techno und Neoelektro, Funkstörung Old School-Hip Hop, Maral Samassi – eine der ganz wenigen weiblichen DJs – geschmackvollen Minimal Techno, John Aquaviva intelligenten House und Madonna Remixer David Morales den erwartet seichten Vocal House. Sie alle und etliche mehr machten die drei Abende zu gelungenen Partys, eben weil ihre unterschiedliche Mischung ein äußerst heterogenes Publikum anzog. Ein Publikum, dem das dumpf ritualisierte Raver-Verhalten fremd zu sein schien.

Sensationell sind einige Liveacts, etwa die britische Digitalfunk-Crossoverformation Super Collider. Auf ihrer Bühne befindet sich ein großer Tisch mit einer Unmenge Equipment rechtwinklig zum Bühnenrand, daneben ein kleines Podest mit Projektoren und drei Typen, die während des ganzen Auftritts eine Art Slapstickfilm ablaufen lassen. Christian Vogel, der genialische Vogelmensch an den Knöpfen, generiert im Rausch hackige, Achterbahn fahrende Beats, die losrasen, abstoppen, sich überschlagen. Chamäleonhafte Sounds, die wiederum jeden Moment eine andere Klangfarbe annehmen können. Dann Jamie Lidell, der Sänger mit unwiderstehlichem Jungscharme, in der Rolle der Souldiva am Mikrofon, stets bemüht, im Sperrfeuer aufgeregter Verwandlungen die große, selbstironisch gebrochene Geste des Entertainers beizubehalten; und schließlich ein dritter Typ in komplettem Krankenschwestern-Outfit, der einzig und allein die Aufgabe hat, die anderen beiden aufzumischen: Er sprüht ihnen vorgefertigte Motive auf die T-Shirts, fertigt Transparente an, haut sie ihnen um die Ohren, lässt Spraydosen Feuer spucken und veranstaltet allerlei Unfug mehr.

Super auch Chicks on Speed, deren ungeheuer aggressive und kreischige Punkshow viele in der großen Halle zum ersten Mal mit einer derartigen Energie konfrontiert. Auf einer riesigen Bühne, vollgestellt mit Projektionswänden, einem rollbaren Papierhaus und ihren Abbildern als lebensgroße Pappfiguren, gibt das US-amerikanisch-australisch-bayerische Trio eine Extralektion in Sachen Gender-Diskurs und Das-Haus-Rocken. Außerdem: Artist Unknown. In weißen Anzügen, weißen Krawatten und weißen Hasskappen geben die beiden Berliner ihrem ziemlich puristischen Retro-Elektro-Sound das nötige Leben. Ein derartiges Outfit, kombiniert mit einer entsprechenden Aufgeregtheit, lässt sie eher wie durchgeknallte Panzerknackerdandys als wie Robotermenschen aussehen. Außerdem: Kitbuilders! Das einzige Mal sehe ich eine Frau als gleichberechtigte Knöpfedreherin. Die unbändige Spielfreude des Kölner Duos lässt auch hier die eigentlich rückwärtsgewandte Soundästhetik der achtziger Jahre irgendwie zeitgenössisch erscheinen.

Und natürlich Miss Kittin & The Hacker. Die Genferin beginnt ihr Set mit der Ansage: »Last night I was very drunk at the ramblas. A guy came up to me and he said ›How much?‹ I said: ›I'm too exclusive for you‹. He said: ›How much?‹ And I answered: ›Too much, because I'm a nurse on disco.‹« Das lässt ihr in Kombination mit einem hautengen Krankenschwesternkostüm (ja, schon wieder) augenblicklich alle Herzen zufliegen.

Außerdem geben sich allerhand Pioniere der elektronischen Musik die Ehre. Marc Almond zum Beispiel oder FM Einheit und der berühmte Psychosektenführer Genesis P. Orridge. Der Mitbegründer von Throbbing Gristle, mit Psychic TV zum Quasigott Thee Majesty geworden, ist heute Exgott. Unter dem Namen Etants Donnés / Mark Cunningham wird ein abgeschmackter, pseudo-mystischer Budenzauber aufgetischt. Ingredienzen sind eine nackte Frau und zwei Männer wie aus einem Schwulencomic in schwarzen Muscleshirts, die sich in einer Art Mantra das ganze Kreuz der Existenz aus dem Leibe schreien. Zunächst mag das Hypnotische dieser Inszenierung wegen mehrfacher Stromausfälle nicht so recht in Schwung kommen. Die arme Darstellerin muss drei Mal von der Bühne und wieder neu anfangen. Als die Schwierigkeiten behoben sind, springt eines der Urviecher ins Publikum, schnappt sich eine ahnungslose Zuschauerin, schultert sie und brüllt: »A girl, a girl!«. Das ganze Spektakel dauert eine halbe Stunde, ehe dann die Frau auf der Bühne umfällt und seine Majestät, die ganze Zeit auf einem Barocksessel im Hintergrund thronend, hervortritt und eine kleine Ewigkeit große Oper spielt.

Eine Frau als Symbol findet sich auch bei dem Auftritt der 1983 gegründeten Industrial Formation Coil. Hier erscheint das Weibliche in Gestalt einer ebenfalls nackten Ausdruckstänzerin als Finale eines furiosen Sets, das eine großartige Bandbreite von ambienthaft Abstraktem zu punkmäßig Direktem durchquert. Coils Auftreten verbreitet etwas von dem spirituellen Alienismus eines Sun Ra oder George Clinton. Sie tragen seltsame Inuitkostüme und bedienen ihre wie die Kommandobrücke eines Raumschiffes angeordneten Maschinen mit fast heiligem Ernst. Zusammen mit der Eigenart der Lokalität, einer alten romanischen Kirche, bekommt das Ganze etwas wahrhaft Sakrales.

Am nächsten Tag kurz nach dem Frühstück stehe ich in der gleichen Kirche unter 200 Leuten in der freundlichen Atmosphäre einer Jamsession im totalen Geräuschgewitter zweier Nerdtypen mit Laptops. Maschinenlärm, Sinustöne, Wortfetzen, vage Erinnerungen an ein Saxofon, dumpfes, grummeliges Rauschen. Theoretisch großartig, wie viel Interesse ein derart erweiterter Musikbegriff hervorruft. Aber warum in einer derartigen Lautstärke, zum Teufel? Irgendwie fühle ich mich von der physischen Vereinnahmung missbraucht.

Nach mehreren Tagen Luxushotel erscheint es mir romantisch, die letzte Nacht am Strand zu schlafen. Am Morgen werde ich gewahr, dass mich diese Aktion einen Minidisc-Player, eine Minox-Kamera und einen Walkman gekostet hat. Respekt vor der Geschicklichkeit, mit der mir diese Dinge sanft unter meinem Kopfkissen weggeklaut wurden. Hier waren Künstler:innen am Werk. Über komplizierte Busverbindungen hetze ich dann zum Flughafen, wo ein Streik in Mailand auf meine Heimreise einen unguten Einfluss auszuüben scheint. Dem Herrn aus Tel Aviv vor mir wird beschieden, dass sein Flug in drei Tagen erfolgen wird, hinter mir erleidet eine deutsche Studentin einen Nervenzusammenbruch und rechts legt eine griechische Reisegesellschaft bester Laune gleich mehrere Schalter lahm. Sollte ich vielleicht doch bleiben?

Juli 2000

Logisch ist das völlig Panne

Die Jägermeister Rock Liga. Marketing für Fortgeschrittene

> *Das ist des Jägers Ehrenschild,*
> *daß er beschützt und hegt sein Wild,*
> *weidmännisch jagt, wie sich's gehört,*
> *den Schöpfer im Geschöpfe ehrt.*
> Spruch auf jeder Jägermeisterflasche

24. März 2007, der Tag, an dem die Rock Liga nach Würzburg kommt. Nach diversen Gesprächen mit Musikerkolleg:innen, Journalist:innen und sonst wie Beteiligten will ich mir ansehen, wie sowas in der Provinz funktioniert. Vorurteilsfrei, sage ich mir, innerlich grinsend. Während ich im Zug noch grüble, welchen realen Gebrauchswert Begriffe wie »Kommunikationsziel«, »PR« oder »Unique Selling Proposition« eigentlich haben, erhalte ich im Hotel sogleich Anschauungsunterricht, wie dieses Werberchinesisch zur Realität in Menschenköpfen werden kann. Als ich an der Rezeption nach dem Club für das heutige Konzert frage, kommt Leben in die Miene des Hotelportiers: »Ah, zur Jägermeister Rock Liga wollen S'!« Das mit plötzlicher Zuvorkommenheit herbeibestellte Taxi bringt mich in ein verödetes Gewerbegebiet an einer Ausfallstraße. Ein typischer Ort für Nachtlebensimulation, irgendwo in Mitteleuropa. Das Vorhaben, noch schnell einen Imbiss zu nehmen, lässt sich in dieser Einöde nur bei einem aus der Ferne leuchtenden McDrive verwirklichen. Auch in der Schlange bei McDonald's ist die Vorfreude greifbar. Hinter mir witzelt einer: »Einen Jägermeister, bitte«, ein anderer, nervös: »Mann, noch 50 Minuten bis zum Einlass.« Wie ich später höre,

hätten die Veranstalter:innen die dreifache Menge der 900 Tickets verkaufen können.

Kurz nach 21 Uhr, im Liveclub Airport. Der Conférencier, Typ Hugo-Balder-für-noch-Ärmere, schütteres Haar, Showanzug, Jägermeistershirt, entert die Bühne. Die Menge ist jetzt schon am Brodeln: »All right! Würzburg, hier ist die Jägermeister Rock Liga. Ich kann euch nicht hören.« Die Menge: »Ööööhööh!« – »Wir haben schon drei Gruppensieger, und jetzt geht es in dieser Gruppe darum, wer nach Berlin fährt. Noch ist nichts sicher, es liegt an euch!«, lügt der Conférencier unverfroren, denn die Band Deichkind hat bereits an den drei vorigen Abenden den per Applausometer ermittelten Sieg eingefahren und ist uneinholbarer »Gruppensieger« vor den US-amerikanischen Brachialvögeln Bloodhound Gang und der Berliner Electrorock-Formation T. Raumschmiere. Der Conférencier kündigt Deichkind als die Band an, »die ihren musikalischen Gegner matschig klopfen« werde und als »den Titelverteidiger«, den »aktuellen deutschen Jägermeister 2005/2006«. Kurz denke ich an den Jägermeister 1933/34. An Hermann Göring, der mit der Einführung des Dienstgrads Jägermeister im Zuge des 1934 erlassenen Reichsjagdgesetzes Inspirationsgeber war für einen Schnapsbrauer aus Braunschweig. Einen Herrn Mast, der für seinen neu entworfenen Kräuterlikör gerade einen Namen suchte. Später wird der Animator schreien: »Wollt ihr, dass die Hütte brennt, Würzburg?«

Im allgemeinen Getöse beginnt die Show. Entfesselte Jugendliche werden zum ekstatischen Knäuel, quetschen gegen die Absperrungen. Die Idee, etwas Verbindendes wie eine Liga zu etablieren und das Ganze in Form eines Rockspektakels auf Tournee zu schicken, ist ebenso einfach wie genial. Nach 20 Konzerten vor allem in der Provinz gibt es, der Analogie zum Fußball folgend, das große Finale in Berlin. Dieses Jahr wird es am 19. Mai sein. Die augenzwinkernd überreichte Schale gibt es zum dritten Mal. Vielleicht werden sich Leute im Jahr 2012 wirklich fragen, wer denn eigentlich Jägermeister 2007 war. Und Tabellen wälzen. Und Panini-Bildchen tauschen, wer weiß. Das Ganze folgt dem Trend, die Marke zum eigentlichen Hauptact eines unverwechselbaren Events zu machen. Vielen Sponsor:innen reicht es nicht mehr, nur mit dem Image oder der Popularität bestimmter Bands assoziiert zu werden, sie wollen die Hauptrolle.

Sponsoring, bei dem die Marke über die bloße Namensnennung hinaus in Aktion tritt, begann im Livegeschäft in Deutschland erst Mitte der neunziger Jahre. Bands wie Pink Floyd, Genesis oder die Rolling Stones waren die Ersten, die sich dazu hergaben, ihren Bandnamen mit Kampagnen für bestimmte Modelle von Volkswagen zu verknüpfen. Heute scheint es ganz selbstverständlich, etwa die neue Grönemeyer-Veröffentlichung mit einer Vodafone-Kampagne zum Runterladen von Klingeltönen zu koppeln. Inklusive Anzeigenaufmachung mit Bild des Künstlers.

Neben den Mega-Acts der Stadionrock-Kategorie war es vor allem die in den Neunzigern aufkommende Techno- und Electronic-Szene, die in den Fokus fortgeschrittener Marketingmethoden geriet. Sehr bald bestiegen alle möglichen Marken die Wagen der Loveparade und funktionierten diese zu einer Markenschau um. In letzter Zeit versuchen T-Com mit der Herausgabe eines undergroundigen Umsonstmagazins und Red Bull als Nachwuchsförderer der exklusiven Red Bull Academy, als Unterstützer »anspruchsvoller« Electronic-Acts Szene-Credibility einzufahren. Paradox am Rande ist, dass Jägermeister in der Technoszene, wo schon sehr früh Rückgriffe auf deutsche Symbole eine Rolle spielten, völlig ohne eigenes Zutun zum Kultgetränk wurde.

Wie der komplexe Handel mit gegenseitigen Gefälligkeiten zwischen Marke, Band und Musikpresse funktionieren kann, lässt sich am Beispiel Rock Liga exemplarisch beschreiben: Jägermeister investiert einen vergleichsweise moderaten Betrag und etabliert ein Konzertformat, das untrennbar mit seinem Namen verknüpft ist. Die zwölf Bands aus möglichst unterschiedlichen Genres liefern ihren Bekanntheitsgrad und die Bereitschaft, sich dem Publikumsvoting zu stellen. Manche von ihnen lassen sich auch in ein Jägermeistershirt stecken oder vor einem Hirschlogo fotografieren. Dafür erhalten sie eine üppige Festgage, ein bequemes Tourleben in geräumigen Nightlinerbussen, gutes Catering, eine fette Anlage und zusätzliche Präsenz in der Musikpresse. Die Musikzeitungen garantieren kontinuierliche Berichterstattung über das halbe Jahr, in dem die Konzerte stattfinden, gewähren kleine Bevorzugungen wie zum Beispiel das Abdrucken jener Bandfotos mit Hirschlogo. Sie bekommen dafür Anzeigen, die unter anderem deshalb wichtig sind, weil sie andere konkurrierende Markenkunden anziehen. Ungeschriebenes Gesetz einer solchen Medienpartnerschaft scheint zu sein, dass sich eine kritische Berichterstattung über die Veranstaltung verbietet. Da bei der Rock Liga fast die gesamte Musikpresse mit im Boot sitzt, ist es nicht weiter verwunderlich, wenn die meisten Blätter der Einfachheit halber mehr oder weniger offen die Promotexte ihres Auftraggebers abdrucken. Wie groß die Angst ist, Anzeigenkund:innen zu vergraulen, erlebe ich, als ich bei der Intro, mit einer Auflage von 110.000 eines der größten deutschen Musikmagazine, und dem Musikexpress, einem der ältesten, nachfrage, ob sie nicht Interesse hätten an einem Text über die Rock Liga. Die betroffenen Redakteure, die ich als Journalisten durchaus schätze, antworten unzweideutig: »Sorry, wir sind da hochgradig verstrickt.« Oder: »Mitmachen oder nicht, das gilt für uns Medien genauso wie für die Bands.«

Markus Hablizel, als ehemaliger Redakteur der Spex früher ebenfalls Teil der Verstrickung, beschreibt die Abhängigkeiten so: »Was definitiv nicht gegangen wäre, ist, dass wir erst Ankündigungen drucken und dann hingehen und sagen: Die Rock Liga, das ist eine Scheißveranstaltung. Der Veranstalter ist ja ein Anzeigenkunde des Verlages. Das wird der Verlag jederzeit rausschmeißen.«

Beim Treffen mit Robert Krause von der Hamburger Agentur This gun is for hire, einem Mitentwickler des Rock-Liga-Konzepts, tritt mir in einer Stadtvilla unweit der noblen Elbchaussee ein sympathischer Mann Anfang 40 entgegen. Wegen des zackigen Mailverkehrs im Vorfeld hatte ich mit einem jungen, ehrgeizigen Latte macchiato-Typen, einem dreitagebärtigen New-Mini-Fahrer gerechnet. Aber nein, eben nicht. Krause ist einer aus den Achtzigern, war Kellner und Konzertveranstalter, arbeitete in einem Indieplattenladen und schlug sich die Nächte, wie auch ich, erhitzt schwafelnderweise im Hamburger New Wave-Laden Subito um die Ohren. Als praktizierender Dialektiker, der man in dieser Branche sein muss, wenn man nicht schizophren ist, gewährt er Einblicke in die Grundlagen der Werbewelt.

Krause spricht vom Image der Marke Jägermeister: »Wichtig ist der Wettkampfgedanke, eine toughere Herangehensweise. Du lässt Bands nicht einfach so spielen, sondern du lässt sie gegeneinander spielen. Und Feierei, das ist das, was die Marke seit 15 Jahren ausmacht. Die Marke ist ja auch über Phänomene hochgekommen, die sie gar nicht selbst gesteuert hat. Zum Beispiel durch die Toten Hosen. In dem Jahr, als die 10 kleine Jägermeister gesungen haben, wurden 500.000 Flaschen mehr verkauft. Freiwillig, ohne, dass die je Geld dafür bekommen hätten.«

Warum er unbedingt die der sogenannten Hamburger Schule zugerechnete Band Sterne mit dabeihaben wollte, obwohl deren Publikum, vom Rahmen abgeschreckt, größtenteils zu Hause blieb, erklärt Krause unumwunden mit dem Vorhaben, sie sozusagen als Streikbrecher einzusetzen: »Es geht um die kommunikative Wirkung. Die Sterne sind natürlich ein Aushängeschild auch für eine politische Haltung, die einen ganz wichtigen Teil der Zielgruppe abdeckt. Und genau dieses Phänomen, das es bei dir gegeben hat, will man natürlich bei allen erreichen. Zu sagen: Was, die sind da dabei? Was so Sell-out angeht, würde man denken: Nee, *die* nicht! Wir wollen die Schwelle gegenüber Marken ganz klar abbauen.«

Der Wenn-die-da-mitmachen-kann-ich-doch-auch-Effekt verfehlt seine Wirkung unter den Bands genauso wenig wie bei den Medien. Hablizel, Ex-Spex, sagt: »Klar spielte es auch eine Rolle, dass Jägermeister es immer so eingerichtet hat, auch zwei, drei ›korrekte‹

Bands dabei zu haben.« Krause: »Das Format wird zunehmend akzeptiert. Du kannst bei den Musikerkollegen nachfragen: Na, wie schlimm war's? Klar ist es ein bisschen peinlich, aber schon okay.« Meinen hoffnungslos altmodischen Einwand, das Befreiende an Popkultur sei doch auch gewesen, sich eben nicht hierarchisierenden Instanzen stellen zu müssen, es erscheine mir unwürdig, wenn sich gestandene 40-Jährige mit allseits respektierten Bands einem Pöbel stellen müssten, versteht er total. »Logisch ist das völlig Panne. Es gibt auch viele Künstler, die das ablehnen.« Überhaupt lehnen 80 Prozent der Angefragten ab. Meistens wegen der Konkurrenzsituation, wegen Terminschwierigkeiten oder des Problems, mit Alkohol assoziiert zu werden. Ideologische Gründe seien eher zu vernachlässigen, sagt Krause.

Wir beginnen von Schmerzgrenzen zu reden, und die haben bei allem Drumrumgerede mit der Bezahlung zu tun. Die mit Sponsoren kooperierenden Musiker:innen nennen allesamt die guten Gagen in Zeiten des zusammenbrechenden Tonträgermarktes als Hauptargument für ihre Kollaboration. Wann bekommen Bands dieser Größenordnung schon mal eine Abendgage um die 10.000 Euro garantiert? Ohne Risiko und Nebenkosten. Rhetorisch effektvoll sagt Frank Spilker von den Sternen: »Manche Leute ruinieren ihre Familien mit Jägermeister, wir ernähren sie damit. Ich nehme halt einen neuen Kleinwagen mit oder ein halbes Jahr Überleben mit der Familie.«

Zugegeben, bei der allgemeinen Empörung über Managergehälter, was gibt es an einem redlich verdienten Kleinwagen auszusetzen? Andererseits: Wer wurde denn Musiker:in, um damit einen Kleinwagen zu finanzieren? Könnte man nicht einfach in einer Kneipe jobben und sich am Ideal der künstlerischen Autonomie berauschen, wie es sich für Generationen von Bohemiens in der Vergangenheit gehörte? Aber wer bin ich schon, darüber zu richten. Bands wie den Sternen kann man wirklich keinen übertriebenen Ehrgeiz in Sachen Rock Liga vorwerfen. Beim letzten Konzert in Hamburg spielten sie ihren Stiefel runter, kassierten das Geld und waren froh, nicht nach Berlin zu müssen. Gewonnen hat an diesem Abend die amerikanische Kajal-Rockband Louis XIV, die erst beim Soundcheck des ersten Rock-Liga-Konzerts erfuhr, dass sie Teil eines Bandcontests sind.

Krause kommt unterdessen in Fahrt. Er bricht ein, nein, *das* Tabu der Branche: Er redet über Gagen. Der Hamburger Rapper Jan Delay etwa wollte für fünf Konzerte um die 100.000 Euro. 60.000 Euro wäre man bereit gewesen zu zahlen. Krause: »Das mit den Preisen ist natürlich total verrückt, weil irrsinnig subjektiv. Natürlich sind das gute Summen, aber verglichen mit anderen kriegt hier keiner einen wahnsinnigen Markenobolus drauf. Bei Mando Diao hätten wir für fünf Konzerte 120.000 Euro bezahlt, bei VW haben sie für ein Konzert 100.000 bekommen.« Er grinst: »Da kann ich nur sagen: Das macht die Preise kaputt.«

Zurück in Würzburg. Backstage treffe ich vor dem Konzert Phillip und DJ Phono von Deichkind. Sie sind guter Dinge, wenngleich leicht angesäuert, da sie ihre selbst gebaute Saufmaschine, die »Zitze«, aus Platzgründen heute nicht einsetzen dürfen. Selten deckt sich das Publikumsprofil einer Band so harmonisch mit dem des Sponsors wie im Fall von Deichkind. Keine verkrampfte musikalische Ambitioniertheit, keine Fesseln durch puristische Erwartungshaltungen seitens der Anhängerschaft, keine Ideale, die zu verraten wären. T-Mobile, Köstritzer Schwarzbier, Jägermeister, Bundesvision Song Contest – welche gut bezahlte Plattform sich auch immer bietet, Deichkind nutzen sie für ihre unschuldige Vision einer Durchdrehshow, die, anders als bei den Kollegen von der Bloodhound Gang, völlig ohne Machismo und Zynismus auskommt. Phillip: »Wir haben einfach Freude daran, wenn wir viele Leute in Wallung kriegen. Auf welche Art auch immer.«

Letztes Jahr noch in einen undurchsichtigen Deal mit ihrer Plattenfirma Universal verstrickt, arbeiten Deichkind diesmal auf eigene Rechnung. DJ Phono: »Universal hat mehrere Acts für die ganze Rock Liga zur Verfügung gestellt und dafür eine uns unbekannte, aber sehr hohe Summe bekommen, die angeblich für einen Marketingpott X vorgesehen war. Und jedes Mal, wenn wir angefragt haben, ob wir den Pott mal nutzen können für ein Video oder einen Remix, hieß es: NEIN! Da hatte man schon das Gefühl, die haben sehr viel mehr Geld bekommen und geben nur einen Teil an die Bands weiter.«

Dann die Show. Unter dem stets beleuchteten Jägermeister-Logo, zwei mit den Geweihen aufeinander losgehende Hirsche, bricht ein Trommelfeuer an Gags, Stunts, chaotischen Choreografien los. Zu elektronischen Beats rappen Buddy und Phillip in NDW-Stil vom Aufstand in der sturmfreien Bude. Im Hintergrund wälzen sich welche in der Hüpfburg, ein Sofa wird zerhauen. Später rudert DJ Phono mit einem Schlauchboot über den Köpfen durch den Saal. Immer wieder purzeln aus dem wogenden Menschenknäuel Jugendliche wie Fallobst in den Fotograf:innengraben vor der Bühne und werden von schrankhaften Security-Typen, die von Moskau bis L. A. und Würzburg allesamt gleich aussehen, verhaftet und an der Seite wieder in die Menge geschmissen. Bei der Bloodhound Gang, die den Contest hier das einzige Mal gewinnen, kippt die Stimmung von Teenieparty zu Bierzelt. Die noch entfesseltere Menge stimmt mit der Band die Hymne auf den Sänger und Gitarristen an: »Jimmy Pop ist homosexuell, ho-mo-sexuell, ho-mo-sexuell!« Von ihrer Spezialität, dem zelebrierten Urinieren und Erbrechen auf der Bühne, sieht die Band auf dieser Tour freundlicherweise ab.

Auf der Heimfahrt denke ich an Robert Krauses Worte: »Es gibt ein ganz interessantes Kommunikationsziel, was in unserem ersten Konzept drinsteht. Du beschreibst immer einen sogenannten *desired believe,* also das, was mal geglaubt werden soll. Und da steht drin: Für eine Markenveranstaltung gar nicht so scheiße. Das wollten wir erreichen, und genau da sind wir. Mehr kriegst du gar nicht hin.«

Mai 2007

II.

Ton Steine Scherben – Die Sache mit Früher

Oder wie kann man eigentlich über Freiheit reden?

Ich fürchte, ich muss erstmal über mich reden. Vielmehr über meine Ratlosigkeit. Zwar habe ich in den letzten vier Wochen einen Berg von einschlägiger Literatur, transkribierten Interviews, Platten, Textbeilagen und Fernsehaufzeichnungen der Band Ton Steine Scherben aufgesogen, und wahrscheinlich könnte ich in einer Scherben-Quizshow locker Millionär werden, aber ein schlüssiger Text will sich aus meinen Beobachtungen nicht formen lassen.

Die beunruhigende Erkenntnis ist, dass ich kurzzeitige Hassschübe oder Melancholieanfälle bekomme, je mehr ich mich in diese Materie vertiefe. Im Speziellen erzeugen die Äußerungen verschiedener sogenannter Zeitzeug:innen in Beiträgen, die von heute aus die Geschichtsschreibung der Band betreiben, bei mir diese uncoolen Reaktionen. Im Wesen, soviel ist mir klar, ist mein unterschwelliger Vorwurf an alle diese gefühlten Dummschwätzer:innen, dass hier eine gigantische Entkontextualisierung betrieben wird. Also im weiteren Sinne ein irgendwie gearteter Verrat oder eine hinterlistige Verfälschung von… ja, was eigentlich? Der Sache? Der Geschichte? Woher kommt dieses Gefühl? Natürlich stehen mir solche Vorwürfe gar nicht zu. Ich war niemals ein ausgemachter Fan der Scherben, ich bin einiges jünger und auch sonst nicht irgendwie familiär verbandelt.

Ein Hassschubmoment ist zum Beispiel, wenn ich Kai Sichtermann, den Bassisten der Band, in einem Radiofeature über das letztjährige Rio Reiser-Festival sagen höre: »Eigentlich wollten wir immer nur eine normale Rockband sein.« Was für ein ausgemachter Blödsinn. Allein schon die Tatsache, dass ihm heute überhaupt jemand ein Mikrofon hinhält, hat damit zu tun, dass er in der Band spielte, die mehr war als eine normale Rockband. Die Band nämlich, die nicht nur laberte oder muckte, sondern »was machte«.

Die Scherben waren das Modell eines Lebens, das die Widersprüche und Zwänge des Systems scheinbar ausgehebelt hatte. Sie waren eine Art Verheißung. Sie betrieben ihr eigenes Label, sie wohnten kollektiv, sie verweigerten sich den Marktmechanismen und waren mit mehr oder weniger allen linken Bewegungen der 70er und frühen 80er Jahre verbandelt.

Vom Klassenkampf mit Proletariat als gedachtem revolutionärem Subjekt über die Radikalisierung des Privaten und dem Aufbau einer Kommune bis zum Umzug aufs Land mit allem Drum und Dran, wie: Stechapfelexperimente, Tierzucht und Hinwendung zu Tarotkarten. Kontakte zur Bewegung 2. Juni, Unterstützung der Jugendhaus- und Schwulenbewegung, der Häuserkämpfe und später der grünen Partei und Friedensbewegung inklusive.

Insofern nahm man sie beim Wort. Und dieses Wort war auf den ersten drei Platten so konkret, dass Leute, die sich als Teil dieser Bewegungen fühlten, dachten, die Scherben wären sowas wie ihr Eigentum. Das unterscheidet sie von Bands wie Amon Düül II und Embryo, die zu Anfang der 70er Jahre einen ähnlichen Lifestyle pflegten, aber im Zweifelsfall die künstlerische Autonomie vor eine unbedingte politische Verbindlichkeit stellten. Oder auch von Bob Dylan, der schon ziemlich bald klarmachte, dass er für sich und niemanden sonst spreche.

Als Verheißung wurden sie angesehen, weil alle ästhetischen Zeichen, mit denen sie hantierten, ihr Anderssein, ihr »es ernst meinen mit der Sache« instinktsicher verkörperten. Es war nicht nur die Stimme von Rio und die Texte, die sich oft anhören wie Gesprächsprotokolle der radikalen Linken dieser Zeit. Es war auch das Artwork, das quasi verschwieg, wer die Musiker waren und wie sie eigentlich aussahen. Ich wette, das Coverdesign von »Keine Macht für Niemand« ist heute noch eine bedeutende Referenz für manchen Werber.

Auf der Platte »Wenn die Nacht am tiefsten« von 1975 sieht man ein Foto mit sechzehn Langhaarigen. Angegeben werden nur die Vornamen, Alter und Beruf. Zum Beispiel: Angie, 16, Fotomodel, Nickel, 30, Steuerberater, Ralf, 23, Fotograf. Who the fuck is Rio Reiser? Wo bleibt denn da das Künstlersubjekt? Und natürlich war es auch der Sound, der, anders als im Tüftelwahn der 70er Jahre üblich, roh und direkt daherkam. Geil wie die Stones, nur noch geiler als die Stones, Alter! Dieser direkte Sound verstärkte die unbedingte Dringlichkeit der Texte und setzte auch bei den esoterischen oder biblischen Verheißungsnummern den Rahmen, der klarmachte: Auch hier wird von Revolution geredet, nicht von Jenseitsversprechungen oder Individualkram.

Dieses im Nachhinein »nur eine normale Rockband« gewesen sein wollen, hat vielleicht mit Selbstbehauptung zu tun. Denn auf die Dauer kann es sehr beengend werden, wenn man ständig als Projektionsfläche für die Erwartungen »der Bewegung« (was auch immer das zum jeweiligen Zeitpunkt sein sollte) herhalten musste.

Ein ähnliches Problem hatten die Musiker der amerikanischen Band MC5, die in den USA für kurze Zeit die Rolle der Revolutionssoundtrackgeber spielten. John Sinclair, ihr spiritueller Leader sagte einmal: »Ich wollte immer, dass sie größer werden als Mao, aber sie wollten nur größer sein als die Beatles.« Und wenn Pete Townshend heute über Woodstock redet, immerhin einem Höhepunkt der The Who-Karriere, hört man sowas wie: »Ich habe Hippies immer gehasst.«

Dass die Scherben heute als Nationalkünstler von ganz anderer Seite vereinnahmt werden, ist erstaunlich, aber irgendwie folgerichtig, wenn man betrachtet, wie die Diskurse der 60er und 70er Jahre von den Protagonist:innen dieser Zeit dem Verlauf ihrer Biographien angepasst werden. Es seien nur Horst Mahler als kurioses und Josef Fischer als lineares Beispiel genannt.

Beim Thema Ton Steine Scherben kommt man um die Frage nicht herum, was Leute früher wollten, wo sie heute stehen und was sie heute behaupten, früher gewollt zu haben. Ganz zu schweigen davon, welches Früher gemeint sein soll.

Aus Ralph, 22, Fotograf, einer von sechzehn ungewaschenen Gammler:innen, wurde Rio Reiser, das Genie. Der Begründer des Jetzt-sind-wir-endlich-auch-wer im Pop (wir Deutschen). Dass er bereits tot ist, vereinfacht die Sache, denn nun können Familienangehörige und sonst wie Berufene im Kaffeesatz lesen, »wie es der Rio gerne gewollt hätte«.

Eine Kommune wird zur Wallfahrtsstätte und Ralph, »einer von vielen«, zum Stammvater. Bezogen auf das anarchistische Erbe der Band muss man sich von Claudia Roth erklären lassen, es wäre nicht wirklich Deutschland gewesen, gegen das man was gehabt hätte, eher die Berufsverbote oder so ähnlich. Und gegen Gewalt sei man ja ganz grundsätzlich gewesen. Ein Marius del Mestre bringt es sogar fertig, das erwähnte Wir zum historischen Sieger zu erklären. Als Indiz dafür sieht er die Tatsache, dass Fischer Außenminister geworden ist.

Und wie zum Beweis, dass in Songs nur große Gefühle und die Suche nach Liebe und einer bestenfalls unbestimmten christlichen Gerechtigkeit stecken, haben sich ganz andere das Erbe der Scherben unter den Nagel gerissen. Nämlich der entspannt mit dem Deutschsein umgehende Mainstream.

In den zeitgenössischen High-Quality-Versionen von Nena, Wir sind Helden und Söhne Mannheims bleibt nicht viel mehr übrig als sogenanntes gutes Songwriting und schaumschlägerisches Gefühlskino. Aber diese Winnerstimmung des Scherbenvereins ist relativ neu. So neu wie der Quotenkonsens.

Der Subtext vieler Features, Interviews und Publikationen, die ein paar Jahre zurückliegen, lautet in etwa: War 'ne verrückte Zeit. Mein Gott ist das lange her. Der große Durchbruch blieb ihnen leider versagt. Und: Na, und dann sind sie ja pleite gegangen.

Kollektive, die zur Konkursmasse der Geschichte erklärt werden, sind seltsame Gespenster. Während niemand auf die Idee käme, bei der Pleite eines Konzerns das dem zu Grunde liegende Prinzip der Gewinnmaximierung für gescheitert zu erklären, scheint das Ende eines Kollektivs immer auch gleich den Bankrott der ganzen Idee zu beweisen. Da können ganze Staaten wie Argentinien pleitegehen und niemand sagt: »Ha, da haben wir es, der Kapitalismus ist gescheitert.«

Und die oft enttäuscht oder zerknirscht auf sich Zurückgeworfenen, sind auch nicht gerade die besten Fürsprecher:innen dieser Idee.

Ein gemeinschaftliches Leben und Arbeiten mit einer irgendwie gearteten Idee von Freiheit und Selbstbestimmtheit produziert keinen Mehrwert. Meistens basiert es auf dem Prinzip der Selbstausbeutung. Da lässt sich nichts aufsparen oder tauschen für ein angenehmes Auskommen in der eventuell nächsten Lebensphase, wenn man wieder alleine ist mit sich. Wer Zeit in Solidarität und Freiheit investiert, hat die miserabelste Investitionsanlage gewählt, die es gibt.

Wenn der brotlose Lohn für den ganzen Scheiß sich darin erschöpft, Projektionsfläche zu sein für immer neue Generationen von Hausbesetzer:innen und Hundebesitzer:innen –, wer würde sich nicht um den eigenen Einsatz geprellt fühlen?

Es wird erzählt, dass der langjährige Scherben-Schlagzeuger Funky Götzner über das Ende der TSS mal gesagt haben soll: »Und dann ging Rio zur Sony und ich ging zum Sozi.« Heute ist er, wie man lesen kann, Versicherungsmakler für die Riester-Rente.

Über allen Film- und Fernsehaufnahmen der letzten Jahre liegt eine seltsame Melancholie. Abgesehen von meiner Unterstellung, dass die jeweiligen Autor:innen sowieso ein Interesse haben, die Bezugslosigkeit zu heute zu zeigen, scheint es mir, als sei es grundsätzlich problematisch, Akteur:innen über den Geist einer Zeit vor einer Kamera erzählen zu lassen. Speziell, wenn die Geschichten von der Erotik jugendlicher Freiheit handeln. Das Problem kenne ich natürlich auch selber, wenn ich mit meiner nicht mehr taufrischen Fresse versuche zu erklären, wie wahnsinnig kettensprengend Pogotanzen für mich eine Weile lang war. – Glaub ich auch, Opa, habt ihr auch in Fußgängerzonen rumgeschnorrt, mit verdreckten Stretchjeans, Iro und Hundeherden?

In einer Talkshow aus den 90ern sieht man Rio Reiser in der Rolle eines seltsamen Tieres. Er – barfuß, unbehaglich auf seinem Sessel rumhibbelnd. Sie, eine verzückt kichernde Moderatorin mit teurer Frisur: »Herr Reiser, jetzt erzählen Sie uns doch nochmal die Anekdote mit der Bereitschaftspolizei.« Später, ihr Kollege, Typ kritischer Journalistendarsteller im Vertreteranzug: »War die Linke intolerant?« Kurze Pause, noch eindringlicher: »War die Linke spießig?« – Armer Rio. Will man das mit so einem Arsch diskutieren?

Im Film »Der Traum ist aus« setzten die Macher:innen ihren melancholischen Abgesang am ambitioniertesten in Szene. Zu den Interviews mit der Scherben-Family holen sie sich als Kronzeug:innen Musiker:innen späterer Generationen und unterschiedlicher Genres. Die lässt man zwar die ungeheuer prägende Bedeutung der Scherben bestätigen, arbeitet aber auch daran, eine weitgehende Beziehungslosigkeit zur heutigen Situation zu behaupten. Frank Spilker von den Sternen liefert ein passendes Statement, in dem er beklagt, dass bei den Scherben nur die Politik gesehen werde und nie, was für eine geile Rockband sie waren. Und dann preist er die guten Erfahrungen in der Zusammenarbeit mit seinem Major Label. Aus der Muckerperspektive äußern sich auch Ex-Scherben-Mitglieder, die zwischenzeitlich die Band »Neues Glas aus alten Scherben« betrieben, um sowas wie »das musikalische Potential, das in den Songs steckt, mal so richtig auszuspielen« oder so ähnlich.

Wir hören die oft wiederholten Von-der-Hand-in-den-Mundleben-Storys, die vom wilden Kommunardenleben übrigbleiben, und sehen melancholische norddeutsche Herbstlandschaften im Breitbandformat.

Melancholieschübe und Hassmomente. Als ich peilungslos nach einem Einstieg für diesen Artikel suchte, hörte ich tatsächlich den Sprecher im Radio sagen: »Grünenchefin Roth meinte, es gelte jetzt die Vermittlungstätigkeit zu intensivieren, um die Vorgaben von Hartz IV noch konsequenter umzusetzen ...« Scheiße. Hassmoment. Dagegen, im ersten Interview der Band Ton Steine Scherben im Rahmen einer für heutige Verhältnisse außerirdisch progressiven Kultursendung, sagt einer der vier etwas verstockten Langhaarigen, deren Namen nicht genannt werden: »Wir wollen erreichen, dass sich alle Menschen auf der ganzen Welt gegen ihre Unterdrücker erheben.« Womit die beiden Pole gesetzt wären, zwischen denen sich der komplizierte Scheiß abspielt, den ich nicht in den Griff kriege. Die Roth zu bashen, mag vielleicht ein bisschen simpel sein, aber ich kann's mir gerade nicht verkneifen. Wer seine Karriere auf Scherbensongs aufbaut, ist wirklich selber schuld.

So sehr bei der Scherbenmanagerin der letzten Bandjahre immer der offensichtliche Widerspruch zwischen ihrer gefühligen, hippiesken Tantigkeit und dem meist von parteipolitischem Kalkül bestimmten Inhalt auffällt, so sehr imponiert bei dem WDR-Interview von 1970 die Zuversicht, mit der diese ernsten jungen Typen darlegen, warum das herrschende System zu stürzen sei. Und bei dem legendären Talkende, bei dem Nikel Pallat das Gelaber um die noch heute relevante Frage »Kann ich bei einem Major meine Message besser rüberbringen?« mit einer Axt beendet, argumentiert er (wie zu dieser Zeit übrigens auch die RAF) im Sinne des bekannten Mao-Satzes: Zwischen uns und dem Feind eine klare Trennungslinie ziehen.

Heute schlagen sich Nikel Pallat als Betreiber des Indiependentvertriebs Indigo und Claudia Roth bei den Grünen auf weniger theoretische Art mit dem real existierenden, freien Markt herum. Der Verdienst von Pallat und anderen, die an Selbstorganisation glaubten, ist, dass Leute wie ich ihren Kram verbreiten können, ohne sich den Launen und Unterwerfungsritualen großer Konzerne aussetzen zu müssen. Die Verdienste der Roth liegen unter anderem in ihrer Mithilfe zur Disziplinierung von Leuten, die möglicherweise nichts weiter tun, als einen Lebensstil zu pflegen, der in diversen Ton Steine Scherben-Songs empfohlen wurde: »Nimm den Hammer und bring ihn zum Chef, sag ihm, dass ich fort bin, sag ihm, ich bin weg. Wenn er fragt, warum, sag ihm, ich will leben und ich will keine Ketten aus Geld und Angst, ich werd ihm nicht mehr geben, was er von mir verlangt.«

Überhaupt erscheinen viele der früheren Songtexte, die konkret von Ausbeutungsverhältnissen handeln, plötzlich wieder viel aktueller, als die der Liebeslieder oder der utopischen Songs. – Ja, klar, Xavier Naidoo wird das anders sehen.

»Sklavenhändler, hast du Arbeit für mich? Sklavenhändler, ich tu alles für dich [...] Und wenn ich sieben fuffzich verdiene, geb ich dir drei fuffzich ab. Ich brauch nur was zu essen und vielleicht ein bisschen Schnaps. Ich brauch überhaupt nicht viel Geld, denn ich bin ein schlechter Mensch. Ich hab mein ganzes Leben nichts gelernt, außer dass man besser die Fresse hält.«

Lassen sich prekäre Arbeitsverhältnisse treffender in Songtexte fassen? Aber vielleicht irre ich mich. Meine Forderung, die Scherben müssten in so was wie dem historisch korrekten Kontext der 70er Jahre gesehen werden, wird ihrem und Rios Werdegang nicht gerecht. Und dem ihrer Generation. Die Scherben machten 1983 Wahlkampf für die grüne Partei, die dann auch zum ersten Mal ins Parlament einzog. Gewählt wurde sie zum Großteil von Leuten, deren Ausgangspunkt »Die rote und die schwarze Front sind wir« war und die nun bei »Verdammt lang her« gelandet waren. Während ein großer Teil dieser Generation den Willen bekundete, sich auf die Spielregeln des Systems einzulassen, setzte sich Deutschrock im Mainstream als feste Größe durch.

Bands und Acts wie BAP, Klaus Lage, Grönemeyer und Ina Deter erfüllten den Auftrag dieses historischen Zeitpunktes. Sie lieferten ein vertrautes Gefühl, was die Einheit, was Sound, Komposition und Rockfeeling betraf, und verschonten den/die Hörer:in mit lästigen Agitationen. Sie klangen »zeitgemäß« produziert und »handwerklich gut gemacht«. Eben nicht nach Umsonst- und Draußen-Festivals. An den Scherben, die schon damals als Erfinder deutschsprachiger Rockmusik galten, klebte der Makel ihrer Geschichte. Sie hatten die Parolen vertont, an die man jetzt nicht mehr unbedingt erinnert werden wollte, und sie hatten die entscheidenden Professionalisierungsschritte verpasst, die sie für den Mainstream qualifiziert hätten. Wie sowas klingen muss, hört man später auf Rio Reisers Soloplatten.

Im Underground war allerdings auch kein Platz mehr für sie. Dort hatte Deutschrock schon ein paar Jahre vorher ausgespielt, weil der Glaube, alles müsste authentisch, fühlbar und gewaltfrei sein, vom Punk weggespült worden war.

Dieser Paradigmenwechsel hat bewirkt, dass pure Authentizität keinen Wert an sich mehr darstellte. Punk schuf neue Verhältnisse. Nichts war mehr heilig, alle Zeichen beweglich. »Zurück zum Beton«, »Tanz den Mussolini«, »Und wir sagen Ja zur modernen Welt« statt »Der Traum ist aus, aber ich werde alles geben, dass er Wirklichkeit wird« – ehrliche Bekenntnisse waren für den Arsch. Wo die Scherben dennoch als Propagandawaffe zur Hebung der Kampfmoral gebraucht wurden wie während der Häuserkämpfe Anfang der 8oer Jahre, reichte die Platte »Keine Macht für niemand« völlig. Dazu brauchte es die aktuellen Scherben nicht. Zu dieser Zeit nahmen sie ihr schwarzes Album auf.

Mit Tarotkarten hatte man Komponist, Texter und Thematik ermittelt. Das Kollektiv wollte auch bei der Autorschaft seinem Anspruch gerecht werden, und heraus kam eine Platte mit wahnsinnigen Niveauschwankungen und einem unglaublich zerfahrenen, unklaren Sound.

Rio nuschelt und kiekst Texte, die wahlweise absurd assoziativ, kindisch oder tiefsinnig sein sollen. Die Band laviert zwischen »Spinal Tap«-artigem Zwergentanz und ehrlichen Riffs. Vor allem wird gegniedelt, was das Zeug hält. Von dem Song »Jenseits von Eden« abgesehen, steigt mir beim Hören der alte, längst vergessene Hippiekoller wieder hoch. Wenn ich zum Beispiel beim Trampen das zweifelhafte Glück hatte, von Hippies in einem alten Hanomag- oder

VW-Bus mitgenommen zu werden, und die mich dann, einen Joint nach dem anderen barzend, mit brüllend lauten Journey-, Zappa- oder eben auch Scherben IV-Kassetten quälten. Sofort ist da wieder der süßliche Haschischgeruch gemischt mit dem Mief der herunterhängenden Indientücher, Patschuli und den Auspuffabgasen, die durch die undichte Heckklappe hereinkommen. Uuuuh.

Ich glaube, solche Musik konnte man 1981 nur auf dem Land machen. Kommunardisches Landleben fördert das Dörfliche, Selbstreferenzielle und Sprachlose. Dass ausgerechnet diese Platte kürzlich vom Rolling Stone in einem 16-seitigen Special zum eigentlichen Meisterwerk der Scherben erklärt wurde, ließe sich auch als Teil eingangs erwähnter Umdeutungsbestrebungen werten. An gleicher Stelle wurden die proletarischen Agitationssongs als Kinderkram abgetan. Warum bedarf es dann überhaupt der Erinnerung an die Scherben? Sollen sie doch Grobschnitt, Novalis oder Kraan abfeiern, wenn sie »deutsche« Rockmusik für ihre Geschichtsschreibung benötigen.

Die Orientierungslosigkeit der letzten Bandjahre sieht man auch in einem Tourfilm, der 1983 vom WDR gemacht worden war. Von Fritz Rau organisiert tourten die Scherben, ein Pantomimeclown (!) und die Band Schroeder Roadshow durch die BRD. Wer 1983 noch Schroeder Roadshow hörte oder sich auf Rockkonzerten über Pantomime amüsierte, dem war nicht zu helfen. Schroeder, das sei denjenigen gesagt, an denen dieser Kelch vorüber gegangen ist, waren Anarchoparolenvertoner der nächsten Generation. Zu schlechtem Deutschrock sangen sie Texte wie »Wir sind die Brüder der romantischen Verlierer [...] Wenn wir tanzen, tanzt die Nacht berauscht mit uns den Sternentanz«. Die banal-anarchistische Vorstufe von Pur – definitives Hippie-Hanomag-Feeling meinerseits.

Bei den Scherben und ihrem Publikum herrschen unentschlossene Outfits vor: Glitzerschals um Kopf oder Hals gewickelt, Stretchhosen, leichte Vokuhila-Frisuren, ärmellose T-Shirts mit Leopardenmuster, Nike-Turnschuhe. Irgendwas zwischen Keith Richards und The

Knack. In der Mitte Rio als Frontmann, drum herum die introvertierte Band. An der Percussion Britta Neander im angewaveten Minirock, an der zweiten Gitarre ein deutlich jüngerer Typ mit Tolle. Fast wortlos werden die Stücke aneinandergereiht. Sie spielen routiniert. Songs wie »Keine Macht für Niemand« bekommen abgehrockmäßig noch ein Chuck Berry-Lick untergeschoben, die Stücke werden lange ausgewalzt. Eine normale Rockband mit einem charismatischen Sänger. Tatsächlich. Keine Verheißung, sondern die Erinnerung daran. Eine Rockband aus einer anderen Epoche.

Es gibt nicht viele, die sich mit ihrem Anliegen, ein utopisches Leben zu benennen und zu erkämpfen, so angreifbar gemacht haben wie die Scherben. Mit ihrer bewundernswerten Konsequenz und Hingabe standen sie so lange außerhalb des gewöhnlichen Rockkontextes, wie sie im Namen und als Medium für ein größeres »Wir« sprachen.

Seit dem Zusammenbröckeln dieses Wirs ist die treibende Kraft politisch motivierter Popmusik nicht mehr Utopiesehnsucht, sondern Negation; Ablehnung oder Hass auf das Bestehende. Szenarien von einer besseren Welt vertonen diejenigen, die es sich leisten können auf ihre Art. Bono Vox oder Sting oder was weiß ich wer.

2005

Monks

Von einer Kulturrevolution im schwarzen Loch
der Pop-Geschichte

In dem Film »The Transatlantic Feedback« wird erstmals die unglaubliche Geschichte der Avantgarde-Beat-Band Monks erzählt. Die Sache klingt wie der fortgeschrittene Stoff für eine Fake-Doku im Rockmilieu. Der Plot: Eine Band revolutioniert das Pop-Koordinatensystem. Nur, die Welt ist nicht reif. Die Story: Fünf GI-Soldaten, die ihren Dienst auf einer Army Base in Hessen absolviert haben und mit ihrer Coverband in der florierenden Beatlandschaft der BRD ein solides Auskommen bestreiten, treffen auf Absolventen der Designschulen von Ulm und Essen. Fünf Landeier, zusammengewürfelt aus allen Teilen der USA, und zwei nerdige Brillotypen mit einer kruden Avandgardevision bestehend aus musikalischem Primitivismus und politischem Protesthabitus unter dem Einfluss von Minimal Art, Fluxus und Destruction Art. Dazu ein Outfit, das in seiner Radikalität die Lange-Haare-aber-gepflegt-Frisurträger dieser Zeit aussehen lässt wie Konfirmanden: Tonsuren, Mönchskutten, schwarze Klamotten. Immer. Anfang 1966 in Ludwig-Erhard-Deutschland. Die Songs brechen mit jeglicher damals bekannter Struktur. Auf monoton gehackten Beats kreischen, wie unter Starkstrom gehalten, ein hyperhysterischer Gesang, eine berserkende Orgel und koppelnde Gitarren. Zur schwachen Erinnerung an das Erbe der westlichen Zivilisation wehen gelegentlich mehrstimmige Showtunechöre herein in den verzerrten Klumpen aus industriellem Geschepper. Akkordwechsel kommen ebenso unberechenbar wie selten. Keine Tonika, keine Subdominante, kein »Und jetzt der Refrain«. Zum Vergleich: In den Charts finden sich zu dieser Zeit Songs wie »Paperback Writer« und »Marmor, Stein und Eisen bricht«. Als ausgesprochen hart gelten »Get Off of My Cloud« oder »Wild Thing«.

Frühjahr 1966 erscheint die erste und einzige LP »Black Monk Time« bei der deutschen Polydor. Das Frontcover enthält in weißer Kleinschrift Bandname und Titel, der Hintergrund ist schwarz. »Let's go, it's beat time, it's hop time, it's monk time now! [...] you know, we don't like the army [...] What army? [...] Who cares what army? [...] Why do you kill all those kids in Vietnam. Mad Vietcong [...] my brother died in Vietnam, [...] James Bond, who was he?«, kurzes Orgelinferno, dann »Stop it, stop it, it's too loud for my ears«. Im Gegensatz zum naiv bis altklugen Gequatsche der aufkommenden sogenannten Protestsongs bei »Eve of Destruction« von Barry McGuire oder bei »Turn! Turn! Turn!« von den Byrds etwa reden hier Leute aus einer anderen Perspektive heraus Klartext. Ohne kunsthandwerkliche Metaphern. Ihr Begriff von Krieg ist von persönlichen Erfahrungen geprägt. Schließlich saßen sie während der Kuba-Krise wie tausende anderer GIs gefechtsbereit in Panzern mit laufenden Motoren, trafen sie Kameraden, die traumatisiert aus Vietnam zurückkamen.

Es folgen ein paar Fernsehauftritte und endlose Touren in die letzten Winkel der BRD. Allerorten scheinen die jungen Leute überfordert zu sein mit dem neuen Sound. Es wachsen die Zweifel. Die Plattenfirma verliert das Interesse. Das Management überwirft sich. Des aussätzigen Seins überdrüssig beginnen sie, ihre Haare wieder wachsen zu lassen. Als sie am Frankfurter Flughafen mit fertigen Visen zu einer komplett gebuchten Südostasientour aufbrechen wollen, fehlt ein Monk. Der Zusammenhalt der Band zerfällt. Letztendlich landen sie vereinzelt und verstreut in der US-amerikanischen Provinz. In den Käffern, denen sie ursprünglich um alles in der Welt entkommen wollten.

Gäbe es nicht die tief aus dem Vergessen hervorgekramten Zeugnisse, die Dietmar Post und Lucia Palacios für diesen Film ausgegraben haben, so würden vielleicht selbst die einzelnen Mitglieder der

Monks bezweifeln, dass es sie je gab. Der Film zeigt fünf drahtige ältere Herren, denen jeglicher Rockmusikerhabitus und jegliche Eitelkeit, genährt durch den spät erlangten Kultstatus, abgeht. Seit ihrer Heimkehr in ein Land, das ihnen fremd geworden war, schlugen sie sich mit allen möglichen Jobs durch, nur nicht mit Rockmusik. Die meisten von ihnen verschwiegen tunlichst die Episode: Wie ich einmal die Pop-Geschichte revolutionierte. Bescheiden und fast ungläubig erzählen sie, meist in ihren gewöhnlichen amerikanischen Wohnzimmern abgelichtet, von ihrem Militärdienst im Kalten Krieg. Der traumhaften Zeit nach ihrer Entlassung, als es für eine Beatband in Deutschland möglich war, sieben Tage in der Woche aufzutreten. Und von den ersten Treffen mit den Pop-Visionären Karl Remy und Walter Niemann. Eddie Shaw (Bass): »Wir sprachen über die Kraft von Kommunikation, Wut, Image, Minimalismus und Dekonstruktion der Songs. ›Wir haben acht Akkorde hier, können wir auf nur zwei kommen? Lasst uns nur einen nehmen. Wie viel Worte haben wir hier? Fünfzehn? Können wir diese auf drei runterkriegen?‹«

Remy und Niemann änderten den Bandnamen von »The 5 Torquays« in »Monks«, wählten die Outfits, verfassten ein Monk-Manifest, gaben viele musikalische Anregungen und kamen mit abwegigen Ideen wie der, ein elektrisches Banjo als Rhythmusinstrument einzusetzen. Und dennoch stellen Roger, Gary, Larry, Eddy und Dave die Zusammenarbeit als etwas absolut Gleichberechtigtes dar. Ein unwahrscheinliches Zusammentreffen mit einem beispiellosen Resultat. »Der Beat ist tot / Wir haben keine Vorbilder / In Mönchskutte gegen den Großmutterstil der Beatles«, so wurden sie angekündigt. Garry Burger (Voc, Git): »Es war Monk-Musik. Der Grund, warum wir nicht wussten, was es war, war einfach der, dass niemand zuvor sowas gespielt hatte.«

Doch die Gewissheit, dass man die Musik der Zukunft macht, hilft einem in der Gegenwart selten weiter. In den Fernsehaufnahmen, zum Beispiel vom Beat Club, sieht man das jugendliche Publikum fast verzweifeln an den brutalen Beats der Monks. Mit dem manierierten Wechselschritt, mit dem man zu Bands wie den Hollies wippte, war dem manischen Gestampfe der Monks nicht beizukommen. Es gab nur wenige Wissende. Im Film ist Jochen Irmler, Gründungsmitglied der Avantgarderockband Faust, der einzige Musiker, der sozusagen als Zeitzeuge aus erster Hand von der einschneidenden Wirkung der Monks berichten kann.

Neben den großen Gesten verblüffen bei den Livemitschnitten kleine, ungewöhnliche Details: Anders als bei Rockbands üblich stehen sämtliche Monks auf der Bühne immer auf einer Linie. Das Schlagzeug ganz links, der Sänger ganz rechts. Ein wirkliches Kollektiv. Einmal sieht man mehrere Monks eine grotesk überdimensionierte Tamburin schlagen, ein anderes Mal traktieren drei von ihnen eine am Boden liegende Gitarre mit der kauzigen Ernsthaftigkeit von Klangforschern.

Nach anfänglichen Erfolgen im Top Ten in der damaligen Hipsterhauptstadt Hamburg folgten ernüchternde Erlebnisse. Nach einem Konzert in Mannheim stürzte sie ein aufgebrachter GI, der gerade aus Vietnam zurückgekommen war, in tiefe Selbstzweifel. Ihre Ferne zu jeglichem politischen Diskurs ließ sie in solchen Situationen eher als GIs fühlen, nicht als Peaceniks. Und bei Konzerten in Städten wie Detmold, Bayreuth oder Pinneberg zeigte sich allabendlich das gleiche Bild einer leeren Tanzfläche. Dave Day (Git, Banjo): »Mann, es ist so hart zu spielen, wenn die Leute es nicht mögen.« Eddie Shaw: »Karl und Walter sagten immer: ›Das ist die Musik der Zukunft‹, und sie hatten absolut recht. Aber die Leute in der Gegenwart lachten darüber und behandelten uns respektlos. Too little, too fast.«

Diese und einen ganzen Haufen weiterer Geschichten haben Post und Palacios in achtjähriger Recherche zusammengetragen. Anhand von privaten Fotos, Postkarten und Doku-Material rekonstruieren sie sehr genau das gesellschaftliche Umfeld der BRD im sogenannten Wirtschaftswunder während des Kalten Krieges, in dem Beatmusik zum Vorboten der kommenden Rebellion wurde. Zu sehen sind betrunkene Szenetypen, die fröhlich über den Hamburger Fischmarkt torkeln, Fassaden von Beatclubs in sauberen, aufgeräumten Kleinstädten und Aufnahmen von Kennedy und Adenauer.

Außerdem verweist der Film auf den Einfluss der Ulmer Schule für Gestaltung nicht nur auf das Design jenes Nachkriegsdeutschlands sondern auch auf die Imagegestaltung der Monks. Schließlich war Karl H. Remy als Student in Ulm mit Ideen wie Corporate Identity und Seriellem Komponieren in Kontakt gekommen.

Und es werden wichtige Leute der Vor-68er-Ära befragt, deren Namen heute fast vergessen sind. Einer davon ist der kürzlich verstorbene Charles Wilp, Modefotograf, Künstler, Maniker und Erfinder der legendären psychedelischen Afri Cola-Spots, in denen Nonnen mit blanken Brüsten zusammenhangslos Modeworte wie »Sexy«, »Groovy« oder »Black Power« hauchen. Von ihm erhoffte sich Niemann, der als Manager übergeblieben war, doch noch die richtige Plattform für dieses schwierige Projekt zu finden. Wilp konnte zwar nicht weiterhelfen, schwärmt im Film aber immer noch von den Monks als der ersten schwerelosen Band. Er sieht sie als Pioniere von Techno und vergleicht Monks-Stücke mit der hohen Schnittfrequenz heutiger Werbespots.

Ein anderer ist Jimmy Bowien, u. a. Produzent etlicher Franz Josef Degenhardt-Platten sowie Mentor und Produzent der Monks bei Polydor. Er nennt die Musik der Monks archaisch-industriell und sieht in ihnen die Erfinder des Heavy Metals. Zusammengenommen mit den Aussagen von Musiker:innen späterer Generationen, die den Monks wahlweise die Erfindung von Punk oder von Industrial zuschreiben, müsste man eigentlich nur noch jemand finden, der in ihnen die Väter des Hip Hops sieht, dann hätte man die wesentlichen klassisch dissidenten Musikgenres auf einem Haufen.

Verrückt eigentlich, wie lange die Welt ohne das Wissen um all das ausgekommen ist, denn außer den paar in Deutschland verkauften Platten gab es über Jahrzehnte keine Zeugnisse dieser Propheten der Zukunft. Umso überraschender war es für die Filmemacher:innen auch bei Sendern und Filmverleihern durchweg auf Ablehnung zu stoßen. »The Transatlantic Feedback« wurde letztlich aus eigener Tasche finanziert und wird in Eigenregie in die Kinos kommen.

Ich weiß nicht, wie die ganzen Musiker:innen, für die die Monks zu einer wichtigen Referenz wurden, an die Musik der Monks gerieten. Ich stieß darauf bei meinem ersten New York-Aufenthalt Anfang der 90er Jahre. Ich fand sie in der Plattensammlung des Typs, bei dem ich wohnte und den wir wegen seines ausgeprägten Schwermuts Lucky Joe nannten. Er war Bassist in einer Band namens Outsiders und ein typischer Vertreter der letzten authentischen Rock 'n' Roll-Generation New Yorks. Also des New Yorks vor Rudolph Giuliani und digitaler Aufnahmetechnik. Als man in East Village noch Alkohol auf der Straße trank, relativ einfach Drogen kaufen konnte und die Bands der Stunde Pussy Galore, Lunachicks oder Sonic Youth hießen. Jedenfalls, er spielte mir den Kram vor und erzählte was von GIs, von Heidelberg und Mönchstonsuren. Mit den spärlichen Informationen der Liner Notes, den seltsamen Fotos auf dem Rückcover und meiner Phantasie, die aus den GI-Soldaten bald Deserteure machte, sah ich mich in meiner damaligen, borniertem Annahme bestätigt, dass alles Wichtige, Bahnbrechende sowieso nur in den 60ern entstanden sein konnte. Ich überspielte mir die LP doppelt, auf beide Seiten einer Kassette und hörte sie in den folgenden Jahren emphatisch bis zum Abrieb der Bandbeschichtung. Mehrere Zitronenstücke und eine halbe Robespierres-LP gehen auf den manischen Stil der Monks zurück, aber nirgendwo waren irgendwelche Informationen zu bekommen, von welchem Stern man diese Typen abgeworfen hatte.

Wie um den Beweis der außergewöhnlichen Relevanz der Monks zu führen, wird es zum Kinostart am 23. Oktober den Release eines Tribute Samplers und einen Auftritt der Band in der Berliner Volksbühne geben. Die Idee für den Sampler entstand eher zufällig, als im letzten Herbst Mark E. Smith bei Dietmar Post anrief und fragte, wie er dem Projekt helfen könnte. Er hatte von dem Film gehört und schickte unaufgefordert einen Track. Auf der entstandenen Doppel-CD finden sich nun namhafte Vertreter:innen der über- und überübernächsten Musiker:innengenerationen: The Fall, Fehlfarben, Gudrun Gut, Jon Spencer, Psychic TV, F.S.K., Mouse on Mars, Alec Empire, The (International) Noise Conspiracy, Faust, The Gossip, Goldene Zitronen, Chicks on Speed und viele andere. Die besten Momente des Samplers sind die, bei denen es eine:r/m Interpret:in gelingt, einen persönlichen oder zeitgenössischen Bezug herzustellen. Ganz toll ist der Beitrag von Alec Empire mit Garry Burger, dem Monks-Sänger, der den Monkstime-Text um den Irakkrieg erweitert, oder Genesis P-Orridges Version von Boys are Boys. Als Mitwirkender kann ich nur sagen, es ist fast unmöglich, dem Temperament eines Monkssongs einen erweiternden Aspekt hinzuzufügen, man kann bestenfalls in Würde scheitern.

Juli 2007

Ich und Ich in der Wirklichkeit

Und die stufenweise Entkörperlichung des Maschinisten Robert Görl

Der Frühling 1981 war außerordentlich warm. Zwar drohte mir das Missgeschick, in der neunten Klasse auf dem Gymnasium zum zweiten Mal hintereinander durchzufallen, aber ich hatte damals das Gefühl, Teil von etwas Neuem, Kommendem zu sein – oder so ähnlich zumindest. Anzeichen für dieses Neue gab es jede Menge. In der Stadt Berlin gingen beinahe wöchentlich hunderte von Schaufensterscheiben zu Bruch, überall in Europa begannen Leute, sich leerstehende Häuser unter den Nagel zu reißen, und eine neue Musik schien aufzuräumen mit allem Miefigen, Langhaarigen und Selbstgefälligen.

In jenem Kaff zwischen S und M, in dem ich wohnte, gehörte ich der kleinen Gruppe Jugendlicher an, die sich diffus als Punks betrachteten. In Ermangelung physischer Habhaftigkeit authentischer Exemplare jener neuen / gefährlichen Jugendkultur waren wir auf uns allein gestellt bei der Frage, was denn nun Punk sei; wie er aussieht und mit wem oder was wer provoziert werden sollte.

So wie es uns ohne weiteres gelang, der lokalen Hippieszene die hässliche Fratze der Toleranz herunterzureißen und manchmal sogar eine Popper:innenparty zu sprengen, stand außer Frage, dass bei jeder Ansammlung von Rockern die Beine unter die Arme zu nehmen seien und der Eintritt in eine Disko höchstens mit Hilfe komplizierter Ablenkungsmanöver der Türsteher zu bewerkstelligen sei. Eine komplette Kampfansage an alle Vertreter:innen des Staates war natürlich obligatorisch und schlug sich fast zwangsläufig auf die schulischen Leistungen nieder. Aber das ist eine andere Geschichte. –

Ein paar Sachen schienen also klar zu sein, nämlich jene, die das »Außen« betrafen.

Für das »Wir« hielt ich damals mehr oder weniger alle, die mit diesem »Außen« ebenfalls im Clinch lagen.

Und so kam es, dass uns die subkultur-ideologischen Debatten, die in den wichtigen Metropolen oft auch mit den Fäusten ausgetragen wurden und sich um Kategorien wie »Künstlerkacke«, »Kommerzscheiße« oder »Prollkram« drehten, weitgehend verborgen blieben. Auf unserer kleinen Farm tanzten wir zu Heaven 17 genauso wie zu den Sex Pistols, Kleenex und den Einstürzenden Neubauten.

Im Verlauf jenes Sommers gelangte dieses diffuse Neue ins Bewusstsein einer breiteren Öffentlichkeit und eine Band namens Deutsch Amerikanische Freundschaft spielte dabei eine herausragende Rolle.

Ihr Hit »Tanz den Mussolini« gab denen, die die Vorahnung auf eine Musik sehen wollten, die aus der Disko einen völlig anders funktionierenden Ort machen sollte.

Zwei Jungs, die aussahen wie der Phantasie eines Schwulencomiczeichners entsprungen.

Gabi Delgado als Klischee des mediterranen Superstechers und Robert Görl mit dem schaurig-schönen Sex-Appeal eines Landsers. Beide in Lederklamotten und ärmellosen T-Shirts, kultisch schwitzend wie Maschinisten aus Propagandafilmen der sowjetischen Futurist:innen. Musik bestehend aus dem Kampf eines teuflisch präzisen Schlagzeugers mit den minimalen, schneidenden Loops der Maschinen, unterstützt von einem atemlosen, abgehackten Gesang, der mit ein paar parolenhaften Textzeilen auskommt. »Tanz den Mussolini [...] und jetzt den Jesus Christus und jetzt den Kommunismus.« Wow, wenn das keine Antwort auf »Eye of the Tiger« war. »Foreigner«, »Asia« und den ganzen anderen Dreck. – Und eine ganze Ecke weiter als: »Sie ist ein Model und sie sieht gut aus.« Überhaupt Kraftwerk. Zwischen ihnen und der DAF-Generation lag die Erfahrung von Punk. Der Spaß an symbolischer Gewalt. Das

Spiel mit dem Pathos. – Besessener Maschinist vs. kalter Ingenieur. »Verschwende deine Jugend!« Yes, Sir, I will.

Düsseldorf, dieses Großkaff, das den Fluch des Dorfes im Namen stets mitschleppt, war damals nicht nur der Ausgangspunkt dieser beiden Bands, sondern überhaupt das Zentrum einer gigantisch schillernden Undergroundszene von internationalem Niveau. Auch wenn heute nichts mehr auch nur im Geringsten daran erinnert: Ein Laden namens Ratinger Hof geführt von Carmen Knoebel und Ingrid Kohlhöfer war für ein paar Jahre Schauplatz und Wohnzimmer für alle relevanten Spielarten von New Wave, Punk und avantgardistischer Kunst. Hier formierten sich Bands wie Mittagspause, Östro 430, Der Plan, Fehlfarben und KFC. Hier traten nahezu alle wichtigen deutschen und britischen Acts auf, trafen sich Künstler wie Joseph Beuys und Imi Knoebel und eben auch Robert Görl und Gabi Delgado.

Görl war Ende 1978 von einem halbjährigen London-Aufenthalt zurückgekehrt, wo er auf eine quasi kulturrevolutionäre Situation gestoßen war. Sehr bald hatten sie eine Band zusammen, und die erste Platte unter dem Titel »Produkt der Deutsch Amerikanischen Freundschaft« eingespielt. Gitarre, Bass, Schlagzeug, Keyboards, Saxophon. Improvisierter Lärm ohne Gesang. Hörbar vielleicht für drei Prozent der Free Jazz-Fans mit Meskalinschaden.

1980 folgte das Album »Die Kleinen und die Bösen«, das die Folie werden sollte für das Soundkonzept der späteren Erfolgsplatten. Drums und Sequenzer bildeten die rhythmische Grundlage. Gitarre und Bass wurden zusammengestutzt, improvisatorische Elemente eingeschränkt. Der typische hakige Gesang von Gabi tauchte auf. Die Texte kennzeichneten den fantastischen Sarkasmus dieser Zeit. Zu einem prätechnoiden MS-10-Loop und jede Menge anderem Lärm: »Komm flieg mit mir davon in einem luftballon. Ins land der phantasie. In die bundesrepublik«, oder in kaputter Kinderliedmelodie: »Die lustigen Stiefel marschieren über Polen ...« Das war der Stoff, der langhaarige Friedensbewegte und gutbürgerliche Häuslebauer:innen gleichermaßen rotsehen ließ. Es folgte die von Daniel Miller produzierte Single »Kebabträume«. Sie bildete den Höhepunkt und Abschluss der Bandphase von DAF. Nun wurde der Laden ausgemistet. Den Säuberungen fiel auch C. Haas zum Opfer, der wenig später mit dem Projekt »Liaisons Dangereuses« und einem ähnlichen Konzept in Erscheinung trat. Delgado und Görl unterschrieben bei Virgin. Was folgte, war die Platte »Alles ist gut« mit eben jenem »Mussolini«. Ein stolzes, stählernes Machwerk, das die Begrifflichkeiten von Mainstream für eine Weile durcheinanderwirbeln sollte. Das war im Frühjahr 1981. Der Sound dieser Platte erschien wie von einem anderen Stern. Minimalistisch, mächtig und transparent. Nie zuvor hatten Menschenohren einen Synthesizer so gewalttätig und scharf nach vorne brettern hören; hätte ich mir damals gedacht, wenn ich in begrifflichen Unterscheidungen wie »elektronischen« und »konventionellen« Sounds gedacht hätte. – Hatte ich natürlich nicht, da ein Synthesizer alleine noch keine Waffe für das erwähnte »Neue« war. Schließlich gab es seit den Mittsiebzigern kaum eine Monsterrockband, die auf ihn verzichtet hätte.

Entscheidend war vor allem die Attitüde, mit der ein verfügbares Instrumentarium verwendet wurde. Es gab hierbei quasi keine Variante, die es nicht gab. Rhythmuscomputer und Gitarren (F.S.K.), Sequenzer und Drums (DAF), Kreissäge und Geige (Abwärts), und alle hatten diese Kork-Kiste, den MS-10. DAF verfolgte am konsequentesten die Vision einer elektronischen Dancefloormusik. Die visionäre Präzision, mit der sie an die Umsetzung gingen, machte sie reif für die Masse.

Mit dem Horizont eines abgeschlossenen Studiums für klassisches Schlagwerk, moderne Musik und Jazz zeichnete sich vor allem Görl aus, verantwortlich für alles Kompositorische und Soundmäßige.

Mit den Charts begannen die Kontroversen. Bornierte Rockjournalist:innen warfen DAF mangelnde Echtheit vor, da bei den Liveshows aus Personalmangel mit Kassettenrekordern hantiert wurde, und natürlich wurde hier und da »Faschismus« geschrien, aber im Grunde genommen kämpften die Vertreter:innen des Alten nur gegen das Neue.

Was im Einzelnen diesen Vorwurf so unberechtigt erscheinen ließ, vermag ich heute nicht wirklich zu erklären. Es war einfach klar. Manchmal reichen Kleinigkeiten wie ein winziger Kiekser in der Stimme, wenn das Wort »BRD« gesungen wurde.

Was folgte, waren Erfolge in ganz Europa und drei weitere Platten in kurzer Abfolge, gemacht nach dem gleichen Strickmuster. Zur Abnutzung dieses Konzepts kam die Tatsache, dass sich durch die bedingungslose Vermarktung des Begriffs »Neue Deutsche Welle« abgehalfterte Deutschrocker:innen und runtergekommene Schlagerproduzent:innen ermutigt fühlten, mit irgendeinem Scheiß unter diesem Label auf den Markt zu stoßen. 1984 war das Jahr der großen Katerstimmung. Sachen mit deutscher Sprache waren mausetot. DAF lösten sich auf. – Vorerst. Robert Görl produzierte eine Solo-Platte mit Annie Lennox und studierte ein Semester lang Schauspiel in New York.

Dann kam es noch einmal zu einer Einigung zwischen dem Visionär und dem Selbstdarsteller. Aber gerade das übergewichtige Charisma des alten Images entpuppte sich als Bremsklotz für eine Neuorientierung. Die 1986er »Brothers«-Single in englischer Sprache wirkt von heute aus betrachtet wie ein halbherziger Versuch, Anschluss zu finden an die wichtigen Pop-Acts der Mittachtziger wie Duran Duran oder Depeche Mode. Also ließ man's bleiben. Schon vorher hatte Görl das Schlagzeugspielen aufgegeben und sich vollends zur elektronischen Seite hinübergeschwungen. Achtung, wir verlassen den Körperarbeitssektor: »Das war für mich getan. Schlagzeugspielen ist eine sehr schwitzige Angelegenheit, ich hatte alles ausgeschwitzt. Außerdem auch besser geeignet für Anfang 20, kann ich da nur sagen. Wenn du über 30 wirst, fängst du an, dich zu fragen: Was schlägst du da so rum? Du bist dann einfach cooler, wenn du ein kleines Tippgerät bedienst, wo der gleiche Wumm herauskommt, also wirklich.« So spricht ein Mann, der keine halben Sachen macht. Fortan lebte Görl ohne konkrete musikalische Projekte in Paris, München und London, bis ihm 1989 ein fürchterlicher Autounfall die Tür zur Spiritualität öffnete: »Ja, das war fast schon klassisch. Ich hatte da infolge des Unfalls so ein Nahtoderlebnis, das mir eine völlig neue innere Sicht vermittelt hat. Danach habe ich mich erkundigt, was da eigentlich abgelaufen ist. Na ja, und dann habe ich mir Bücher und komplette Sutren geholt und hab dann jahrelang das Dharma, die Lehren von Buddha, studiert und festgestellt, dass das genau die Sicht ist, die meinem Verständnis entspricht. Ein bisschen habe ich mich selbst gewundert, dass ich mir das Ganze reingezogen habe.« Die 90er Jahre im Schnelldurchlauf: Als Mitkonstrukteur heute herrschender Hörgewohnheiten fiel ihm der Einstieg ins Techno-Business nicht schwer. Zumal er für viele junge Produzent:innen von Manchester bis New York eine Legende war. Die schwächer gewordene Bedeutung von Selbstinszenierung kam seinem Bedürfnis nach Reduktion auf das Wesentliche entgegen. Liveshows auf frühen Maydays und Loveparades oder im Save the Robots / New York, die ganze Palette halt. Seit 1993 produzierte er vier Alben und diverse Maxis, die zu den bestverkauften beim Münchner Label Disko B zählen. Zunächst in Kollaboration mit DJ Good Groove und Kotai, später mit Birmingham-Ikone Karl O'Connor entstanden – im Fall des aktuellen Albums in Eigenproduktion – straighte, elegante, minimale Machwerke. Klassische Moderne als Tracks sozusagen. Zum Abschluss des Lebensabschnitts Technoproduzent hört die jüngste Platte auf den programmatischen Namen »Final Metal Pralinées«. Erschienen ist sie bereits nach seiner Abreise zu seinen Mönchsfreunden in Thailand (Rückkehr ungewiss).

Juli 2000

Stereo Total

La musique communistique,
le communisme érotique

Könnte vielleicht mal jemand von was anderem reden als von französischem Charme, wenn es um Stereo Total geht? Von wahrer Poesie, zum Beispiel, und emanzipatorischen Botschaften. Oder von verrückten Maschinen und unsichtbaren Bandmitgliedern. Und überhaupt von dem ganzen anderen Kram, der sich auf einer Stereo Total-Platte sonst noch so findet.

Zugegeben, ich bin korrumpiert. Freundschaft korrumpiert immer, und umso mehr korrumpiert bekanntlich eine alte Freundschaft. Andererseits gibt es nichts Schwierigeres, als die Musik von Freund:innen zu belobhudeln, wenn man keine echten Gründe hat, sie gut zu finden.

Meine erste Begegnung mit Françoise Cactus: Ein besetztes Haus in der Potsdamer Straße, Berlin/West, Ende Dezember 1984. Das Publikum: Punker:innen. Die Hauptband: Tote Hosen. Auf der Bühne: Ein Bassist, dessen Augen aus tiefen schwarzumrandeten Höhlen herausglühen. Ein kleingewachsener, ausnehmend arroganter Gitarrist mit Gaunervisage und: Die Schlagzeugerin und Sängerin. Ein großes Mädchen, heiter und unbeirrt den Anfeindungen des Publikums trotzend. Sie singt zu ihren leicht verschleppten Beats »Touche moi« und »Je suis la fiancée du pirate«. Die Musik: Rock, irgendwo zwischen Johnny Thunders und Rolling Stones, und doch ganz anders.

Ich bin wie hypnotisiert und denke mit meinen zwanzig Jahren sowas wie: Das ist es! Rockmusik kann nur magisch sein, wenn da eine Schlagzeugerin ist und die anderen vollgepumpt sind mit Drogen.

Ich fühle mich, als hätte ich Velvet Underground gesehen. Mit einer Nico, die auch noch den Job von Moe Tucker übernommen hat und es im Zweifelsfall vorzieht, mit einem hübschen Jungen zu flirten als sich einen Schuss zu setzen.

»Musique Automatique« ist die 5. Stereo Total-Platte in sechs Jahren. Die Besetzung hat sich wieder auf den eigentlichen Kern reduziert. Auf Françoise Cactus: Schlagzeugerin, Sängerin, Schriftstellerin und Malerin pornografischer Aquarelle sowie ehemaliger Kopf der erwähnten Band Lolitas. Und Brezel Göring: Multiinstrumentalist, Sänger, Erfinder und angehender Magister der Religionswissenschaften. Die verschiedenen Ex-Mitglieder kümmern sich, wie ich höre, um Kleinkriminellengeschäfte, Haustiere oder andere Showbusinesskarrieren.

Unbeirrt geht der Wahnsinn in die nächste Runde. Konzeptionell noch präziser werden Rockabilly-Drums und Sega-Spielekonsolensounds, Low Frequenz Samples und Electrobeats mit Autobassbegleitungen und Punkgitarren und all dem anderen Geklingel und Gefiepe und Gestöhne in den großen Kessel geworfen und in die wunderbar einfache Form eines 2-Minuten-30-Stücks gegossen.

Wie schon erwähnt hat Brezel Göring manche der verwendeten Maschinen selbst erfunden. Neben den unsichtbaren Bandmitgliedern, zum Beispiel auch ein Telefon, auf dessen Tasten sich Melodien spielen lassen und das die menschliche Stimme modellieren kann. Aber eigentlich glaubt Göring, dass Maschinen die beste Musik machen, wenn man sie in Ruhe lässt:

»Ich finde bei vielen Geräten ist die Musik, die sie automatisch machen, schon sehr überzeugend, da kann man sich auf den Kopf stellen, besser kriegt man das auch nicht hin. Ich hatte einmal einen kleinen Sequenzer gekauft, und da war noch eine Melodie vom Vorbesitzer eingespeichert. Der muss so ein Frühzeittechnotyp gewesen sein, auf jeden Fall total gut, eine bessere habe ich nie mehr gefunden mit diesem Gerät.«

Die Einflüsse, aus denen sich das Universum von Stereo Total speist, sind ziemlich genau die Addition der musikalischen Sozialisation der Beiden.

Françoise Cactus ist ein Kind der 60er Jahre. Bei ihrem ersten Konzert, einem Auftritt von Johnny Hallyday, fällt sie wie Tausende anderer französischer Teenagerinnen in Ohnmacht. Mit den Rolling Stones lernt sie Englisch, aber von Serge Gainsbourg das Prinzip von Popmusik: »Gainsbourg ist der Papi, der Inspirator, der hohe Priester, der Papst. Seine Art Musik zu machen war, sich von allen möglichen Musikrichtungen inspirieren zu lassen. Aber dann ging das durch seine kleine Moulinex und so muss das natürlich jeder mit seiner eigenen Moulinex machen.«

Was die Moulinex von Stereo Total auf textlicher Ebene zustande bringt, wird hierzulande vollkommen unterschätzt. Für die deutschsprachigen Stücke scheint hierfür der Referenzrahmen Schlager zu naheliegend zu sein, für die französischen sind wohl die allgemein katastrophalen Sprachkenntnisse das Problem. Was für ein Vergnügen einem da doch entgehen kann.

Schon im Titelsong steckt Gainsbourg'sche Doppeldeutigkeit. »Musique Automatique« meint nicht nur den klassisch modernen Mythos der Automation, sondern bezieht sich auch auf die Methode »Écriture automatique« der Surrealist:innen. Einer Technik, mit der man, nur mit einem Stift und einem Blatt Papier, tagträumenderweise, das Unterbewusste dokumentieren kann. Es geht um das Telepathische, Mathematische, Automatische; um Musik und Kommunikation. Françoises Aufzählung von Ique-Wörtern folgt Brezel Görings Stimme, die sinngemäß singt: »Von meinem Mund in mein Mikro, von meinem Mikro in die Anlage, von der Anlage in den Lautsprecher, vom Lautsprecher in dein Ohr. Von meinem Mund in dein Ohr, von deinem Ohr in dein Gehirn, von deinem Gehirn zu meiner Antenne – Telepatique, tic tic tic.«

Das Prinzip der Sinnherstellung durch lautmalerisches Assoziieren und Aufspüren von Doppeldeutigkeiten zieht sich durch fast alle Stereo Total-Songs und verleiht besonders den deutschsprachigen

Texten einen ganz eigenen Grad von Abgefahrenheit. Die besten deutschen Texte auf der Platte sind diesmal aber die programmatisch gemeinten. »Für immer 16« und »Liebe zu dritt«.

FC: »Für immer 16 ist sozusagen autobiografisch. Oder besser gesagt für mich und meine Freundinnen, die auch nicht mehr die Jüngsten sind (lacht), aber trotzdem keinen Bock haben erwachsen zu werden.«

Ihrer Bedeutung als Propagandistin einer irgendwie gearteten Form von Feminismus ist sich Françoise Cactus spätestens seit dem Tag bewusst, an dem die Jungs aus ihrem Dorf Villeneuve-L'Archevêque sich weigern, sie in ihre Band aufzunehmen, weil sie ein Mädchen ist. Jetzt haben sie den Salat. Auf allen Stereo Total-Konzerten von New York bis Tokyo und in halb Europa wimmelt es im Publikum von jungen Frauen, die verstanden haben. Unter anderem an sie und gegen die standardisierten Einheitszweierbeziehungen unserer Tage ist »Liebe zu dritt« gerichtet. »Ich liebe es, Liebe zu machen / am liebsten zu dritt / Das ist total out / Das ist Hippieshit /Aber ich sag es laut: Ich liebe Liebe zu dritt. Ich liebe es, von 4 Händen gestreichelt zu werden / Ist der eine müde, der zweite ist fit / Uuuh! Bei der Liebe zu dritt.«

FC: »Ich fand es einfach lustig, gegen die heutigen unkörperlichen, fast schon virtuellen Verhältnisse zu protestieren, indem ich ein total altmodisches Bild vorschlage. Ein Bild, das das totale Ding war in der Zeit, als ich klein war. Das ist out, na und? Es ist romantisch und es ist kommunistisch.«

La lutte continue. Wenn nicht auf Schlachtfeldern und in Schlafzimmern, dann doch auf alle Fälle in Clubs, Galerien und Plattenläden.

November 2001

Kunst hilft. Was ist Snoopiekult?

Die Hamburger Künstlerin Mariola Brillowska gibt
mit einer Ausstellung Auskunft

In Zeiten vermeintlicher, repressiver Toleranz, in denen Individualität und Selbstverwirklichung ebenso hysterisch gepriesen werden, wie sie in einem normierten Alltag und jeder Form von Öffentlichkeit abwesend sind, ist Mariola Brillowska eine Alienerscheinung.
 War da nicht mal was? Gab es nicht in einer vergangenen Zeit Leute und Gruppen, die sich durch ihr Äußeres unmissverständlich als Träger:innen eines grundsätzlich anderen Weltbildes zu erkennen gaben? Mit langweiligen Haarschnitten, mehr oder weniger stilvollen oder praktischen Klamotten setzten wir doch alle unsere Unterschrift unter den Kanon des Bestehenden.
 Mariola Brillowska ist eine der letzten Aktivist:innen antiautoritärer Propaganda. Sie ist eine Reklametafel für die Behauptung »Es könnte anders sein!« Ihre knallbunte Erscheinung ist geeignet, Fußgängerzonen aufzumischen, ihre charmante Schnauze der Schrecken jeder:s Servicemenschen, Institutionsvertreter:in und Szenespießer:in. Eine Unterscheidung zwischen ihrem privaten und ihrem künstlerischen Ich gibt es nicht.
 Sie ist Anarchistin, ohne von Bakunin gehört zu haben, Feministin in bewusster Ignoranz universitärer Diskurse und Punk, ohne sich an Belanglosigkeiten wie Kleiderordnungen aufzuhalten.
 Ihre Zeichenwelt, die auf den ersten Blick eine naive Bonbonwelt zu sein scheint, entpuppt sich beim zweiten Hinsehen als harter Stoff. Auch bei ihrer aktuellen Ausstellung in Frankfurt an der Oder knallt Mariola Brillowska dem Publikum ein scheinbar unsortiertes Sammelsurium zentnerschwerer Symbole vor die Füße. Die Gemälde,

Zeichnungen und Installationen sind vollgestopft mit erigierten Schwänzen, Spritzen, Madonnen, Lichterketten, Fickpuppen, leuchtenden Plastikherzen, Hakenkreuzen und Babyflaschen. Die Versatzstücke, aus denen sie ihre Zeichenwelt zimmert, sind Produkte und Mythen der industriellen Gesellschaft, deren Neuanordnung meist religiöser Symbolik folgt. Der Aufbau der Bilder erinnert an Ikonenmalerei, die Installationen an Altäre. Im Zentrum steht immer frontal und stilisiert so etwas wie eine menschliche Figur.

Anders als andere gegenwärtige Popkünstler:innen verweigert sich Mariola Brillowska souverän dem sammlerhaften Spezialist:innentum, das zur Umdeutung eines Zeichens dessen ursprünglichen Kontext mitdenken muss. Ihr ist scheißegal, welche Rolle beispielsweise Snoopy im allgemeinen Bewusstsein spielt und welche Geschichte er durchgemacht hat. Allein sein Bekanntheitsgrad lässt ihn geeignet erscheinen, als Symbol ihrer Sekte herzuhalten. Die Schweizer Fahne, die alle Welt in einem weißen Kreuz auf rotem Grund sieht und nicht etwa in einem roten Kreuz, klebt bei ihr auf Krankenschwesternkitteln, die Sexpuppen übergestülpt werden. Im Zweifelsfall zählen nicht zuletzt auch Humor und Knalleffekt.

Zeichen, die für Menschen in westlichen Konsumgesellschaften von Kindesbeinen an zur banalen Grundausstattung gehören, sind für sie nicht automatisch codiert, da ihre Herkunft eine andere ist. Mariola Brillowska ist Anfang der 60er Jahre geboren und aufgewachsen in Sopot bei Gdańsk. Ihre Herkunft ist proletarisch, ihr Blick schon bald klar und unsentimental. In dem Zimmer, in dem sie mit ihren Eltern und ihren Geschwistern lebt, trinkt und schlägt der Vater, kuscht und trinkt die Mutter. In ihrem dritten Lebensjahr beschließt sie, nie so zu werden wie ihre Eltern.

Von ihrem achten Lebensjahr an versucht sie, ihre Mutter zu überreden, den nichtsnutzigen Vater zu verlassen – ohne Erfolg. Sie besorgt sich die Romane »David Copperfield« und »Oliver Twist«, um sich auf ein Kinderleben als Selbstversorgerin vorzubereiten.

Mit 15 Jahren meldet sie sich am Kunstgymnasium in Gdańsk an.

Die solide Ausbildung lehrt das Handwerkliche und die Klassiker. Nach Dada und Kubismus kommt Sozialistischer Realismus – Schluss, aus. Anfang der 80er Jahre, als Polen in die große Perspektivlosigkeit schlittert, schließt sie die Schule ab.

Sie fasst den Entschluss, Polen zu verlassen. Viele ihrer Freund:innen haben sich bereits in alle Himmelsrichtungen zerstreut. Nicht, dass sie an der Notwendigkeit einer sozialistischen Gesellschaft zweifeln würde, allein das spießige Erscheinungsbild des Realsozialismus, der sich so gar nicht wie Sozialismus anfühlen will, ist das Problem. Also probiert sie die buntere, westliche Variante der Spießigkeit aus. Mit einer großen Sehnsucht nach Farben und einer sehr vagen Vorstellung vom Kapitalismus macht sie sich 1981 auf in die BRD. Den Ausschlag für ihr Bleiben gibt zunächst das Kriegsrecht unter General Jaruzelski, in dessen Folge sie plötzlich ausgesperrt ist, später die Möglichkeit, in Hamburg Kunst zu studieren.

Die Sache mit den Farben läuft zunächst nicht gerade vielversprechend. Die Realität im Übergangslager Friedland und in Hamburg-Billstedt ist eine überaus graue, der es so schnell wie möglich zu entfliehen gilt.

In der Kunst herrscht gerade Aufbruchstimmung. Leute wie Kippenberger und die Oehlen-Brüder, Junge Wilde genannt, mischen den Kunstbetrieb auf. Die Genres verschwimmen. Malen, in Bands spielen, rumkrakeelen, Super-8-Filme drehen, Lesungen machen, saufen – alles geht plötzlich gleichzeitig. Sie studiert bei dem notorischen Querulanten Mike Hentz, bekommt eine Tochter und hat ab Mitte der 80er Jahre ihre ersten Ausstellungen.

Mariola Brillowska versteht es nicht, sich zu verstellen. Folgerichtig werden sie und der Kunstbetrieb in diesem Leben sicher keine Freund:innen mehr. Ein Umstand, der sie gezwungen und befähigt hat, die Protagonist:innen ihrer verstörenden Bilder in Rot, Grün und Pink zum Leben zu erwecken. Zuerst in einer Reihe von prämierten Zeichentrickfilmen, Hörspielen und Leseperformances, neuerdings auch in Liveshows in Club- und Theaterzusammenhängen.

So breiten sich ihre Geschöpfe aus und erzählen von ihren Indiskretionen. Erzählen von ihren Leidenschaften, ihren Begierden, ihren sexuellen Phantasien und gehen durch mancherlei Katharsis, um eines Tages das Ende des Tunnels zu finden, den Mariola Brillowska Kapitalismus nennt, und den wir alle verdammt sind zu durchschreiten.

Dezember 2002

Neues vom Wettermann

Zum Erscheinen von Bob Dylans
Autobiographie »Chronicles«

Bob Dylan, muss das sein? Warum ich, und warum überhaupt. Es gibt weiß Gott genügend Schlaumeier:innen, die aus diesem abgegrasten Feld ein Minenfeld gemacht haben.
»Nein, nein, schon auch mit subjektivem Zugang und so«, heißt es am anderen Ende der Leitung. Aha. Mmh, warum eigentlich nicht. Wie oft habe ich schließlich zu hören bekommen: Ach, du Scheiße, schon wieder so ein Dylan-Genöle, wenn ich mit einem neuen Stück ankam. Vielleicht interessiert mich dieses Buch ja doch.
   Ich hatte Dylan neu für mich erschlossen, als ich Ende der 80er Jahre zum ersten Mal Pennebakers Tourfilm »Don't look back« sah. Ich war vollkommen eingenommen von Bob Dylan. Er wirkte auf mich wie der schönste, mutigste und klügste Mensch, der je eine Bühne betreten hatte. Alles in seinen Gesten war erhaben wie bei Menschen, die sich ihrer historischen Rolle bewusst sind. Ich war hingerissen von seiner Arroganz gegenüber diesem Time Magazin-Journalisten, dem er, noch expliziter als im Song »The Times They Are a-Changin'«, zu verstehen gibt, dass sein Urteil und das seiner Generation völlig irrelevant sei für das Kommende.
   Ich ging d'accord, als er einen kleinen Provinzjournalisten fertigmachte, der schon allein wegen seiner Unterwürfigkeit ein willkommenes Opfer abgab. Und dann ist da diese Szene, in der Donovan seinem Idol zum ersten Mal in einem Hotelzimmer gegenübersitzt. Dylan, der wegen Donovans großem Erfolg in England schon vorher im Film immer wieder auf den Namen gestoßen ist und sich diverse Male abschätzig äußert, lässt ihn einen Song vorspielen. Es ist eines

dieser frühen pfadfinderhaften Liebeslieder Donovans: »Wenn die Kälte nachts heraufzieht« und so weiter. Er singt naiv beseelt, sein Gitarrenanschlag gleicht exakt dem der frühen Dylan-Platten. Die Anspannung bei Dylan ist spürbar. Die Runde bestehend aus jungen Männern klatscht aufheiternd. Dylan antwortet mit »It's All Over Now Baby Blue«. Er schlägt die Gitarre ungewohnt eckig an, betont die Worte überdeutlich, als wolle er einem Vollidioten etwas erklären, und grinst währenddessen diabolisch triumphierend in die Runde. »What ever you wish to keep, you better grab it fast« und »the highway is for gamblers, better use your sense«! Donovan versinkt mit hochgezogenen Schultern, angewinkelten Armen und einem eingefrorenen, dümmlichen Schuljungengrinsen förmlich auf seinem Stuhl.

Ende der 80er Jahre, als mein Hass auf Hippies noch nicht in Mitgefühl umgeschlagen hatte, identifizierte ich mich voll und ganz mit dieser Haltung. Dylan, der Typ, der Klartext spricht, der die Gemütlichkeit verweigert. Der dem Nachmacher, dem Faketypen, klarmacht, was Sache ist. Ich sah im Dylan des Jahres 1965 einen engen Verwandten von John Lydon, dem ich mich wiederum immer sehr nahe gefühlt habe.

Bevor ich auf diesen Film gestoßen war, hatte ich länger nicht auf Dylan geachtet. Die Antworten auf die Fragen, die mich beschäftigten, kamen von anderen Leuten: eben von John Lydon, den Slits, DAF, Abwärts oder Grandmaster Flash. Aber ich war mit seiner Stimme aufgewachsen. In meiner Kindheit war sie immer in der Nähe gewesen. Eher als etwas Unkonkretes, ein Sound oder eine Stimmung wie zum Beispiel Neuschnee oder Sonntagvormittage oder müde Heimwege von der Schule. Später, Ende der 70er Jahre, im Milieu angefreakter Jugendhäuser in der süddeutschen Provinz lernte man immer noch mit Dylan-Songs Gitarre spielen. Wie es zu diesen Songs kam, ließ sich für uns nicht richtig rekonstruieren. Vieles in seinem Werk erschien widersprüchlich. Aus manchen Songs sprach ein düsterer Nihilismus, andere (vielleicht auch nur *der* eine) kamen mir mit meinen fünfzehn Jahren schon heftig moralistisch vor, und wieder andere handelten von unergründlichen Dingen, bei denen einem auch kein englisches Dictionary weiterhelfen konnte. Mehr als was er da sagte, war entscheidend, wie es gesagt wurde. Nämlich mit einer seltsam nölenden Dringlichkeit, der man sich nur schwer entziehen konnte.

Es war undurchsichtig, wer aus welchen Gründen Dylan für sich reklamierte. Seine Lieder tauchten auf Wochenendfahrten der katholischen Jugend genauso auf wie in Wohngemeinschaften, die dem Sympathisant:innenkreis der RAF zugerechnet wurden, sowie in den Plattensammlungen von ausgemachten Hardrock-Fans. Ganz zu schweigen von der Bedeutung, die sie für die Gemeinschaftskundelehrer:innen dieser Welt hatten.

Heute und aus seiner Feder liest sich das alles eine ganze Ecke logischer. Geschichte ist ja etwas, was geschehen ist und je mehr etwas zur Geschichte geworden ist, umso einfacher scheinen Zusammenhänge zu werden. Dylan beschränkt sich in seiner Autobiographie im Wesentlichen auf drei Abschnitte seiner Karriere.

Das Buch beginnt mit der Zeit, als er in New York eintrifft. Detailliert beschreibt er die Folkszene in Greenwich Village. Er beschreibt seine 20-Minuten-Auftritte in stickigen Clubs und erzählt von einer Unmenge Kolleg:innen, deren Namen längt vergessen sind. Seine Vorliebe für Jungskram wie Boxkämpfe, Autos, Motorräder, Pokernächte und Popmusiker:innen dieser Zeit: Roy Orbison, Ricky Nelson, Judy Garland. Und welche Autoren ihn beeindruckten: Balzac, Rousseau, Perikles, Tolstoj, Clausewitz. Er beschreibt den lähmenden Geist der 50er Jahre und das Gefühl, dass alles, woran man glaubte, auch ebenso gut grundfalsch sein konnte. In den alten Folksongs schien ihm mehr Wahrhaftigkeit und Aktualität zu stecken als in der Künstlichkeit dieser Gegenwart.

Er lernte Gedichte aus dem 19. Jahrhundert auswendig und stöberte in uralten Zeitungsarchiven auf der Suche nach Figuren und Geschichten, die als Gegenstand einer Ballade taugen könnten. Aber ihm fehlte noch der richtige Dreh, wie die Songs sein müssten, deren Relevanz über den Wirkungsgrad dieser kleinen, kaum wahrnehmbaren Subkultur hinausstrahlen könnte. Wenngleich die Folkszene dieser Zeit nichts mit den bürgerlich moralisierenden Projektionen erwähnter Gemeinschaftskundelehrer:innen zu tun hatte, war sie im Kern doch rückwärtsgewandt. Nach Dylans Beschreibung gab es praktisch keine Folksänger:innen, die den Versuch unternahmen, zeitgenössische Songs zu schreiben, und die wenigsten interessierten sich für andere Genres oder die Musik, die im Radio lief.

Aus heutiger Sicht ist es fast unglaublich, dass niemand auf die Idee kam, die Themen dieser Zeit anzufassen. Was mit dem Eindringen von Rock 'n' Roll in die Gegenwartskultur vielversprechend begonnen hatte, war in den Startlöchern hängengeblieben. Es gab elektrische Gitarren, Rhythmen, die die herkömmlichen Genres miteinander verbanden und dem Lärm und dem Tempo der modernen Welt gerecht wurden. Es gab die Erfahrung einer diffusen Rebellion, und es gab eine Bürger:innenrechtsbewegung, die grundsätzlich neue Fragen formulierte, aber es gab vorerst keine Songs, die in Text und Sound der neuen Zeit gerecht werden konnten.

Dass vor allem Bob Dylan es war, der der Popmusik zu einer Sprache verhalf, die praktisch alles formulier- und verhandelbar macht, ist, wenn man ihm Glauben schenken will, das Resultat eines langen Denkprozesses. Der akribischen Analyse der Songs von Robert Johnson, Woody Guthrie und der Ballade von der Seeräuber-Jenny sowie einer klaren, unbestechlichen Beobachtungsgabe, die ihn davor bewahrte, die Welt eindimensional und moralisierend zu betrachten.

Die zweite Phase, die er beschreibt, handelt von der Zeit nach seinem Motorradunfall, den er zum Anlass nahm, seinen Dienst als Messias oder Prophet endgültig zu quittieren. In seinem Verständnis war er nur ein Folksänger, der aus einer Beobachterrolle heraus Dinge beschrieb und als Einzelner darüber urteilte, aber plötzlich war er es, der unter permanenter Beobachtung stand.

Er schreibt sich seitenweise in Rage über das Pack von Drop-out-

Typen, die sein Haus in Woodstock belagerten. Über eine Bewegung, die sich antiautoritär schimpfte, aber nach Führern plärrte. Darüber, dass er nur noch einen Sinn in seiner Familie sehen konnte und eine tiefe Distanz fühlte zu den Ereignissen, die sich immer weiter zuspitzten. Er schreibt, er konnte nach den Attentaten auf Malcolm X, Martin Luther King und Bobby Kennedy nur noch die Familienväter, nicht mehr die politischen Symbolfiguren in ihnen sehen. Mit bitterer Häme beschreibt er die Haken, die er schlug, um von dem Fluch, der auf ihm lastete, erlöst zu werden.

»Ich stellte ein Doppelalbum zusammen, indem ich alles, was mir einfiel, an die Wand warf, und das veröffentlichte, was klebenblieb. Dann kratzte ich alles zusammen, was heruntergefallen war und schob es hinterher.«

Wäre da nicht eine gewisse Ehrfurcht vor Dylans Werk gewesen, hätte ich mir genau sowas gedacht, als ich irgendwann in den 90ern auf die Platten »Self Portrait« und »New Morning« stieß und mich fragte, was der Scheiß eigentlich soll.

Und dann wäre da noch der Teil, der von den Jahren 1987 bis 1989 handelt, als er versuchte, sein Leben als lebende und überlebte Legende neu auf die Beine zu stellen. Es ist der schonungslose Blick eines Mannes, der genau weiß, dass sein historischer Moment endgültig vorbei ist. Seine Songs waren ihm fremd geworden und keine seiner bisherigen Selbstbeschwörungsmethoden schienen ihm weiterzuhelfen. Auch wenn es hier ungeheuer selbstreferenziell wird und er die Entstehung quasi jedes einzelnen Songs der Platte »Oh Mercy« schildert, fasziniert vor allem die Uneitelkeit, mit der er sein Dilemma beschreibt. Die Zeit, von der er spricht, war eine Zeit, in der die Popmusik wieder einmal stagnierte. Die Mittel und Codes, die eine Weile von Punk, New Wave und den daraus folgenden Spielarten bestimmt wurden, waren unbrauchbar geworden, und um weiter zu kommen, erschien es sinnvoll, Rückgriff zu nehmen auf vergangene Epochen. Während sich Dylan also mit einem Album abmühte, das unbedingt zeitgenössisch werden sollte, fanden Leute meiner Generation genau in seinen früheren Platten Anknüpfungspunkte für die Musik der Gegenwart. »Oh Mercy« klingt für mich auch heute noch genauso katastrophal wie eine Dire-Straits-Platte, aber wem steht es zu, über diesen Mann zu urteilen. Mag er sich in noch so bescheuerte, postmoderne Studiokulissen setzen wie bei der MTV-Unplugged-Session oder auf die Idee kommen, auf einer neuen Live Aid-Platte das Klischee seiner Stimme zur Verfügung zu stellen oder für den Papst zu spielen. Ich wünsche mir wirklich von ganzem Herzen, dass er endlich den Nobelpreis bekommt. Übrigens, Donovans Scheiben haben durchaus ihren Reiz, wenn man sie sich vorurteilsfrei anhört.

November 2004

Der Panikpräsident

Udo Lindenbergs Comeback,
muss das sein?

Es lässt sich nicht leugnen, Udo is back. Auf den Titelblättern der Umsonstmagazine, auf Plakatwänden, bei »Wetten, dass..?« und in den Charts, wo er dieser Tage sogar zum ersten Mal überhaupt mit einem Album auf Platz eins gelandet ist. Eigentlich ist Udo alle paar Jahre mal wieder zurück, nur diesmal kommt er mit einer Platte um die Ecke, die zum ersten Mal seit Dekaden eine Brücke zum Udo der 70er Jahre schlägt. Zu jener freigeistigen, oft auch zarten Type, die Leuten wie mir im Alter zwischen 13 und 15 Jahren ein ganz eigentümliches Gefühl von Komplizenschaft vermittelte.

Zwar beweihräuchern die Texte, wie zuletzt eigentlich immer, vor allem das eigene Durchhalten und das Ein-Schwieriger-Typ-Sein, aber ich gebe es zu: Irgendwie berührt mich der Klang dieser brüchigen, vertrauten Stimme. Vermutlich ist es dem Produzenten Andreas Herbig und den anderen mitwirkenden Songschreiber:innen (u. a. Annette Humpe und Helge Schneider) und Musiker:innen dieser Platte zu verdanken, dass aus dem neuen Album »Stark wie Zwei« so was wie ein Alterswerk geworden ist. Anders als auf den letzten gefühlt dreißig Lindenberg-Platten wird diesmal nicht das ganze Sammelsurium aus Kalauern und egomanischen Befindlichkeiten in einen imaginierten modernen Sound gestopft und rausgehauen. Es scheint so, als hätten sich die Verantwortlichen genau überlegt, was denn einen echten Udo ausmacht und wie so was glaubwürdig klingen kann. Was dabei rauskam, sind Songs auf klassischer 70er Jahre-Rock-Basis, in deren Zentrum Lindenbergs Stimme mit ihrem ganzen biografischen Gewicht steht. Klingt schlimm, funktioniert aber, weil dezent gemacht und größtenteils eben nicht von 70er Jahre-Rocker:innen eingespielt.

Wie gesagt, bei den Texten darf man nicht so genau hinhören. Bei »Ganz anders« zum Beispiel: Hier besiegeln Lindenberg und Jan Delay ihre prächtige Männerfreundschaft auf Cheftumbasis und mokieren sich hamburgisch ironisch darüber, dass man sie ernst nimmt für den Quatsch, den sie so verzapfen.

Aber lassen wir das. Selbststilisierung und Männerbild deutscher Populärmusiker und die Tendenz, sich gegenseitig die Eier zu schaukeln, wäre Stoff für eine Doktorarbeit, die endlich mal jemand schreiben sollte.

Anders als oft behauptet war Lindenberg nicht der Erste, der die deutsche Sprache in die Rockmusik einführte. Aber er war der Einzige, den man damit im Radio hören konnte und dessen einzigartiger Jargon Mofarocker:innen gleichermaßen ansprach wie Gymnasiast:innen. Eine Art Doktor Sommer in crazy sozusagen, der unseren Teenie-Alltag vertonte und uns an seiner kindlichen Vorstellung von großer weiter Rock 'n' Roll-Welt teilhaben ließ. Während er immer mehr zu Deutschlands erstem Berufsjugendlichen wurde und als Mittdreißiger in seinen Texten und Talkshows erklärte, was die Jugend so denkt, vollzog sich politisch und ästhetisch ein Paradigmenwechsel, der ihn und seine Rolle plötzlich überflüssig machte. Punk und die verschiedensten Spielarten von New Wave erweiterten den Umgang mit der deutschen Sprache in verschiedenste Richtungen. Von überaffirmativ, nihilistisch und hyperpathetisch bis zu unversöhnlichem Hass war alles möglich, wenn nur endlich Schluss war mit zurückgelehnter Kalauersprache und sozialarbeiter:innenhafter Entfremdungsopferrhetorik. Der Soundtrack zu den Häuserkämpfen Anfang der 80er Jahre klang anders als: »Wenn man draußen wieder mit voller Gewalt gegen kalte Mauern knallt, kommt das Fieber. In den Straßen steigt das Fieber auf die höchsten Temperaturen.«

Peinlichkeiten wie die Antikriegsschnulze »Warum sind Kriege gut« (»Herr Präsident, ich bin jetzt zehn Jahre alt und ich fürchte mich in diesem Atomraketenwald.«), ließen ihn den letzten Coolnessbonus verspielen, verankerten ihn aber umso mehr im Mainstream.

Seit Ende der 80er Jahre kennt man Lindenberg vor allem als »den mit dem Hut«. Als skurriles Klatschspaltenfossil, als Durchhalteparolendrescher und glaubhaften Vertreter eines barocken Rock 'n' Roll-Lifestyles und als mythische Vaterfigur des deutschen Rocks. Seine Songs traten in der öffentlichen Wahrnehmung mehr und mehr in den Hintergrund.

Wie groß die Diskrepanz zwischen dem konsequent verrückt gebliebenen Paardie-Udo und seiner treuen Anhängerschaft ist, konnte ich vor fünf Jahren anlässlich des 30-Jahre-Panikorchester-Konzerts in der Hamburger Color Line Arena beobachten. Während sich Udo auf der Bühne mit schrill-tristen Promivögeln wie Ben Becker, Benjamin von Stuckrad-Barre und Nina Hagen feierte, bestand das Publikum fast ausschließlich aus den ergrauten Mittelscheitel-Föhnfrisurenträger:innen vom Cover der 1979er Platte »Livehaftig«. Leute, die im Werbejargon zynisch »Loser« und »Normalos« genannt werden und für die, wie es mir scheinen wollte, Lindenberg und die irgendwie freiheitlich gemeinten Botschaften seiner Songs letztlich Nostalgie und Erinnerung an eine ferne, verschlossene Jugend sind. Aber diese Arbeitsteilung ist genau das Prinzip seiner aufgeklärt absolutistischen Panikpräsidentschaft. Einer muss schließlich, stellvertretend für die andern, die Party feiern. Gerade lese ich in der Hamburger Morgenpost eine Grußbotschaft des Regenten an sein Volk: »Ich empfinde diesen Hype als Auftrag, tausendprozentig weiter zu powern und im Rocktober bei der Tour für meine Fans eine Riesenshow auf die Bühne zu stellen.«

In diesem Sinne: Komm, hau rein das Ding, wie Udo zum Beginn des »Ganz anders«-Songs nuschelt.

Oktober 2006

In den Wahnsinn, Mensch!

Von der beängstigenden Marktmacht der Herren Westernhagen und Grönemeyer

Vor bestimmten Songs gibt es kein Entkommen. Es ist aussichtslos. Spätestens seit »repräsentative« Hörer:innenumfragen die Programmcomputer der Radiostationen speisen, um zu gewährleisten, dass auch wirklich nur die gewöhnlichsten ästhetischen Standards reproduziert werden, gibt es kein Entrinnen. Die größten Hits der Sonstwies und Sonstwanns und das Beste von heute! Ha!

Taxis, Einkaufspassagen, Arztpraxen, nirgendwo lässt es sich in Sicherheit wähnen. Überall und jeden Moment kann eine Toto-, Kajagoogoo- oder U2-Nummer lauern. Oder wahlweise eine Chili Peppers- oder Tina Turner-Ballade.

Mit manchen dieser Songs lässt es sich irgendwann leben. Der Hass weicht einer milden Nostalgie. Sie werden zu alten Bekannten, schließlich kennt man sich von Früher. Andere verschwinden glücklicherweise spurlos für immer. Und wieder andere folgen einem ungebeten und penetrant wie ein Kaugummi, das an der Schuhsohle kleben geblieben ist.

Zwei, die auf alle Fälle dafür sorgen, dass Stücke der letztgenannten Kategorie nicht aussterben, sind Grönemeyer und Westernhagen. Nicht genug damit, dass alte Hits wie »Männer«, »Kinder an die Macht«, »Sexy« oder »Freiheit« den Programmcomputern ganz besonders gefallen, nein, ihre Marktdominanz mit den beiden aktuellen Alben hat auf dem deutschsprachigen Markt Orwell'sche Züge angenommen. So lag der Anteil des Grönemeyer-Albums »Mensch« an den Gesamtverkäufen aller Tonträger in Deutschland in den ersten zwei Wochen nach der Veröffentlichung bei 80–90

Prozent. Das Anfang November veröffentlichte Westernhagenalbum »In den Wahnsinn« hatte, bevor es überhaupt auf dem Markt war, Platinstatus. Vor »Mensch« hatte Grönemeyer bereits zwölf Millionen CDs verkauft und damit 23-mal Platin in Deutschland, der Schweiz und Österreich geholt.

Wie lässt sich die wahnsinnige Popularität dieser gewöhnlichen Strickmuster erklären? Vielleicht gerade mit ihrer Gewöhnlichkeit? Gilt, was oft resignierend in der Politik behauptet wird, nämlich, dass jedes Land den/die Präsident:in, also den Rockstar bekommt, den es verdient? Warum sind die meisten der beständigsten Superstars schwitzende Männer, die meist schon alt aussahen, als sie noch einigermaßen jung waren?

Überall, wo sich die universelle Kultur des Rock durchgesetzt hat, findet sich eine Art Gölä oder ein Johnny Hallyday oder ein Phil Collins oder wie immer ihre Namen in Island, Russland, Kanada oder sonst wo heißen mögen.

Zugegeben, ich argumentiere grobschlächtig, aber ich habe in dieser Frage keine Lust, allzu feinsinnige Unterscheidungen zu machen. Bei aller Unterschiedlichkeit präsentieren sie ein Künstlerwunschbild des vorvorletzten Jahrhunderts: Das des männlichen Künstlersubjektes. Einzelkämpferdasein, zur Schau gestelltes Ringen mit sich selbst, Selbstsuggestion großer Gefühle.

Der Mann mit Gitarre. Der Mann am Klavier. Allein im Schmerz und im Triumph. Harte Arbeit, echter Schweiß. Sie bezeichnen ihre Platten als ihre Babys. So sehr sie ihre Zweifel zur Schau stellen, so wenig kennen sie Zweifel an dem Weg, den sie einschlagen und an dessen Ziel die Stadien stehen, in denen sie sich dann ihrer Sterblichkeit entrückt feiern lassen. Während sie nebenbei auch noch bemüht sind, sich als besonders geerdet und (ganz wichtig:) irgendwie rebellisch darzustellen.

Bevor Marius Müller-Westernhagen und Herbert Grönemeyer zu wirklichen Rockstars wurden, spielten sie Hauptrollen in zwei außerordentlich erfolgreichen Spielfilmen. Westernhagen gab den proletarischen, filouhaften Titelhelden in »Theo gegen den Rest der Welt«, Grönemeyer den Leutnant Werner in Petersens Welterfolg »Das Boot«. Wer in ihrer Selbstdarstellung noch heute Züge dieser Rollen sehen will, wird genug Anhaltspunkte finden können.

Hier das Hoppla-jetzt-komm-ich-Getue in seiner ganzen tristen Eindimensionalität, dort das pflichtbewusst-pathetische Abarbeiten an mehr oder weniger großen Fragen.

Hier die Stimme rockstereotypisch, gepresst rauchig, dort kehlig, militärisch abgehackt; aber aufrichtig und ironielos. Ganz im Gegensatz zum militärisch-parodistischen Gesang vieler New Wave-Sänger:innen. Apropos New Wave und Ironie.

Die Starwerdung der Beiden erfolgte in den 80er Jahren, als sich zum ersten Mal ein deutschsprachiger Rock-Mainstream entwickelte. In den 70er Jahren war deutscher Gesang, bis auf wenige Ausnahmen, ein Monopol des Schlagers gewesen. Als nach der kurzen, verstörenden New Wave-Phase und dessen rasantem Ausverkauf mit dem Neue Deutsche Welle-Hype der marode deutsche Schlager gleich mit in den Abgrund gerissen wurde, war plötzlich die Zeit gekommen für eine wertkonservative Rockmusik in Landessprache. Oft fusionierten die schlimmsten Elemente aus Schlager und Rock. Der Eine sprach auf einmal Jugendsprache (erinnert sich noch jemand an Matthias Reim und Roland Kaiser?), der Andere war plötzlich staatstragend individualistisch-kleinbürgerlich. All diese Klaus Lages und BAPs und Ina Deters wurden nun relevant im kommerziellen Sinne.

Anders als bei den Wegbereitern deutschsprachiger Rocklyrik Rio Reiser und Udo Lindenberg kamen Grönemeyer und Westernhagen aus dem sozialen Nichts. Ihre Mitmusiker:innen hatten keine Namen und kein Gesicht. Ihre Texte keinerlei Verbindung zu Bewegungen oder Jugendgruppen. Nun, da Rockmusik vom Makel etwaiger Subkulturalität befreit war, gab es einen stabilen, relativ krisensicheren Markt und mit Grönemeyer und Westernhagen zwei unterschiedliche Charaktermasken zur Auswahl.

In der Werbung für qualitativ fragliche Produkte werden gerne Assoziationen hergestellt, die zu dem eigentlichen Image des Produktes im größtmöglichen Widerspruch stehen. So die Kampagne des deutschen Revolverblatts Bild mit dem Motto »Bild Dir Deine Meinung«. Eine ähnliche Diskrepanz zwischen Titel und Inhalt gab es schon bei einer älteren Grönemeyer-Platte mit dem Titel »Chaos‹« und ähnlich verhält es sich auch mit dem Westernhagen-Titel »In den Wahnsinn«. Das was draufsteht, ist ganz sicher nicht drin. Ehrlicherweise müsste die CD »Endgültig im Stumpfsinn« heißen.
Worum es bei »In den Wahnsinn« geht, ist schnell gesagt. Die Info spricht von »modern day rock 'n' roll«. Rockmusik, die, wie wir belehrt werden, das Beste von Heute mit dem Besten der Tradition verbindet. (Ist das das Wahlprogramm der SVP? Oder das der SPD? Oder beides?) Es ist die Rede davon, dass da »Eier dranhängen« würden und, dass es die »beste Westernhagen ever« sei. Ich wette, Identisches wurde bei jeder einzelnen der zwanzig vorherigen Veröffentlichungen auch behauptet. In Wahrheit handelt es sich um eine käsefüßige Deutschrockplatte, die nie auch nur für einen Moment von den eingetretenen Pfaden des Genres abweicht. Es wird geröhrt und gegniedelt, zwischendurch balladesk geschaumschlägert. In völliger Verkennung der Zielgruppe und des Wertewandels, den Rockmusik durchgemacht hat, heißt es: »Damit kann man wieder die Nachbarschaft erschrecken und die Eltern aus dem Zimmer ekeln.« Letzteres gilt, wenn überhaupt, andersherum, denn es handelt sich um die Launen und Phantasien eines Dirty Old Man, vorgetragen und vertont im Stil eines Koksparanoikers.
Den rebellischen Gestus, den auch rockende Millionär:innen zur Selbstlegitimation zu benötigen scheinen, holt sich Westernhagen aus der untersten Schublade des klassischen Machismos. So geht es in der ersten Singleauskopplung »Es ist an der Zeit« um jenen Klartext, den vermutlich auch sein Kumpel G. Schröder an ihm schätzt: »Du hast mir geschrieben, du brauchst wieder mal Geld. Nur weil wir's mal getrieben [...] Du faselst von Liebe, doch du meinst Sicherheit.

Du bist krankhaft sensibel. Deine Sorgen, deine Sorgen sind mir gleich.« Andere Details betreffend die Kotze (in der er liegt), die Morgenlatte und das Mädchen mit Brüsten groß wie Basketbälle erspare ich der:dem geneigten Leser:in. Ein derartiges freudianisches Festmahl würde den Rahmen sprengen.

Zugegebenermaßen operiert Grönemeyer auf einer völlig anderen Reflexionsebene. Als protestantischer Preuße, als den er sich sieht, und wohl auch vom Tod seiner Frau geprägt, hinterfragt er sich und seine Arbeit ernsthafter und selbstkritischer.

Seine poetischen Ambitionen sind allgegenwärtig. Es wimmelt von Naturmetaphorik und Kampfkörper-Maschinenwelt-Bildern. »Am Strand des Lebens«, »Dreh dein Kreuz in den Sturm«, »Deine Schaltung klemmt im Leerlauf«, »Ich bin die Kugel in deinem Colt«. Caspar David Friedrich malt menschenleere Szenen aus »Das Boot«. Raue See, abgehackte Selbstgespräche. Die stilisierte Innenansicht eines Eigenbrötlers. Zwischen kurz vor Untergang und muss ja.

Ein wiederkehrendes Motiv auch auf dieser Platte und in den dazu gegebenen Interviews ist der Komplex Heimat bzw. das Abarbeiten am Deutschen. Paradoxerweise stellt er rigorose Distanz zum Politestablishment zur Schau, scheint aber die Klammer »Volk/Nation« positiv zu denken. Er hasst es, Rocksänger genannt zu werden, und schlägt stattdessen Volkssänger vor. Im Stück »Neuland« heißt es: »Ich mag dies Land, ich mag die Menschen, ich mag nicht den Staat.« Und an anderer Stelle: »Pack das Schicksal am Schopf [...] Wehre dich, wenn es nach dreiunddreißig riecht« (wenn 33 nur so riechen würde, wie es einmal gerochen hat! Wie sehr riecht denn beispielsweise Haider nach 33?).

Obwohl er sich schon seit einiger Zeit als Mentor, speziell deutscher Popkultur, versucht, unter anderem re-releaste er die Elektronikpioniere NEU und die erste Solosingle des Rappers Jan Delay, erscheint sein Verhältnis zum Begriff Nation seltsam unbeeinflusst von den Diskursen, die in jenen Kreisen geführt wurden, deren Nähe er sucht. Die strikte Ablehnung eines nationalen Kulturbegriffes und jeglichen Volkskörpers, die sowohl bei Bands wie Blumfeld und Tocotronic formuliert wird als auch bei den Rappern Sammy Deluxe und Jan Delay, scheint er in seiner Isolation und Unvernetztheit nicht wahrzunehmen. Beispielhaft hierfür ist auch, wenn er sich in einem Interview beschwert, dass Rio Reiser in Deutschland nicht die gebührende Anerkennung bekommen hätte. Dass sich eben jener Rio Reiser und seine Band Ton Steine Scherben bewusst gegen jeglichen nationalen und im Übrigen auch kapitalistischen Kontext stellte, liegt außerhalb seines Blickfeldes.

Seine Abneigung gegen Staat und Kapitalismus, den er übrigens gerade kollabieren sieht, wirkt einigermaßen absurd. Erscheint er doch als die perfekte Verkörperung des idealisierten Selbstbildes des gegenwärtigen deutschen Staates: Nachdenklich, aber nicht abgehoben. Die Vergangenheit nicht leugnend, aber in die Zukunft blickend. Eigenwillig, aber nicht skrupellos, weltoffen, aber bodenständig und vor allem: stark. So stark, dass es ihm gelingt, mit der ihm zur Verfügung stehenden Brainwashmaschine auch der:dem letzten potentiellen Kund:in den Kaufwunsch einer »Mensch«-CD ins Hirn zu hämmern.

Ein anderer immanenter Widerspruch, der sich durch sein Werk zieht, betrifft das Zusammenspiel von Inhalt und Form. Den Widerspruch des Gesagten zu der Art des Sagens.

Ebenfalls im Stück »Neuland« richtet er ein ratterndes Stakkato aus Befehlen an sein Land: »Komm in die Gänge, start' den Motor im Kopf [...] beschleunige langsam hoch.« Im Tonfall eines autoritären Jugendtrainers heißt es: »Entspann dich, Zweiland [...] kein Gleichschritt, keine Zwänge« und »Verschleuder' nicht dein Talent!«. Diese verdammte arschzugekniffene Landserstimme! Er kann noch so viel von Entspanntheit reden, diese verdammte unentspannte, arschzugekniffene Eifrigkeit spricht eine andere Sprache.

Und die Musik? Wie gewohnt eine Werkschau gegenwärtiger Produktionsstandards der High-Class-Kategorie. Die Kompositionen eingängig, die Arrangements ein wohl durchdachtes Allerlei. Hier ein Streicherteppich oder ein Filtergedrehe, dort ein Latinbeat oder eine Prise Reggae. Ja, es gibt auch Balladen, klar, aber auch Abgehnummern.

Was bleibt, ist die Hoffnung auf die ästhetische Revolution. Leider wird sie stalinistisch sein und nicht zum Vorteil von Pantomimen, Koksparanoiker:innen und Volkssänger:innen ... Eines fernen Tages, unter der Herrschaft von Nina Simone, Peaches und John Cage.

November 2002

Das Die, das Wir. Das Ich und die Kolossale Jugend

Ehrlich gesagt bedeutete mir die Kolossale Jugend nichts. Die Musik klang für mich einfach nur wie Hamburger Regenwetter. Grau. Eine Gitarre wie der hiesige Nieselregen, an den man sich nach einer Weile so sehr gewöhnt, dass die Frage, ob es denn eigentlich noch regnet oder nicht, unbedeutend wird. Grau ist es sowieso. Und die Texte? Ich glaube, ich hielt sie für unausgegorene maskuline Oberschülerpoesie, Brillomusik, was weiß ich.

Obwohl ein paar Jahre jünger, kamen mir diese Typen überhaupt nicht jugendlich vor. Sie hatten meinem Dafürhalten nach langweilige Klamotten, sprich keinen Style, und machten immer alles kompliziert. Es war mir unbegreiflich, woher die ihr Selbstbewusstsein hatten, warum sie einem ganzen Haufen von Leuten wirklich was bedeuteten – und später, warum sie uns eigentlich OK fanden.

Leute wie ich, manche jedenfalls, fühlten sich wie Kinder des Kalten Krieges. Man positionierte sich über Abgrenzung und Nasenrümpfe. Über Rigorosität und scharfe Kontraste. Reflexhaft hatte man in Kategorien von »Die« und »Wir« gedacht, und ich wundere mich heute wirklich, woher ich damals die Sicherheit nahm, all diese Dies von den Wirs unterscheiden zu können.

Darin liegt wahrscheinlich auch der entscheidende Unterschied zu den Leuten der Kolossalen Jugend, Captain Kirk und Blumfeld. Auf verschiedene Arten hört man da vom Bemühen, ein nicht vorhandenes Wir konstruieren zu wollen, und von dem Klotz am Bein, dem eigenen Ich.

Ich hatte nie das Gefühl, ein Wir erarbeiten zu müssen. Ich fühlte mich mehr oder weniger schon immer zugehörig zu etwas, was auf alle Fälle existierte. Zuerst in der schwäbischen Provinz als mitgedachter Teil der Kämpfe von Berlin, Zürich, London und Amsterdam, später ganz real agierend im Universum zwischen Krawall 2000 und Hafenstraße und in diversen illegalen Bars von Hamburg bis Graz. Und wie in einem guten Song von Pop Group, X-Ray Spex oder Jam war für mich das Ich mit dem Wir identisch.

Beispielhaft für meine, besser, unsere Ignoranz ist folgende Episode. Es war ein grauer Frühjahrstag im Jahr 1991. Wir saßen in der Buttstraße vor meinem alten Kohleofen. Wir, das waren Schorsch Kamerun, Daniel Richter und ich. Wir hörten die Platte »Ich-Maschine«. Mit den Worten »Ich würde echt gerne wissen, was du davon hältst« hatte Jochen Distelmeyer mir die Platte ein paar Tage zuvor im Sorgenbrecher in die Hand gedrückt, und ich habe so bei mir gedacht: Ach, du Scheiße. Da saßen wir also wie diese Muppet-Show-Typen, alte Hasen mit unseren zarten 28 Jahren, kopfschüttelnd. Und Daniel, der damals seine Antifa-Kämpfer- aber auch Hegel-Lesekreis-Phase hatte, sagte sowas wie: Also der Schreuf, der Levin und der Distelmeyer, die werden nie was gebacken kriegen. Das sind komplette Spinner. Und was er sagte, hätte jeder von uns gesagt haben können.

Ich weiß nicht, ob das Ende des Kalten Krieges, die Ereignisse von Hoyerswerda beziehungsweise das glaubhafte Engagement gegen Überdeutschland, die versöhnende Kraft des Nachtlebens oder ein individueller Erkenntnisgewinn meine Meinung über die Genannten geändert hat, jedenfalls war da ein paar Jahre später plötzlich diese »Brüllen«-Platte: »Ich bin jetzt dicht am Krach dran / schwächer werden / man kann noch schwächer werden.« Mein Inneres hatte in den Spiegel geschaut. Diese Platte hat wahrscheinlich nicht viele Leben gerettet, meins aber auf alle Fälle. Aber das ist nochmal eine Sache für sich.

Für mich ist sie wie ein Decoder für die Kolossale Jugend-Platten. Was mir früher fragmenthaft, beliebig erschien, scheint heute Sinn zu ergeben. Die Texte von »Brüllen« helfen einem, das Prinzip der waghalsigen Assoziationsketten, die wie schlampiges Stenogeschreibsel daherkommen, zu entziffern. Das Regenwetterfeeling bleibt, aber unter dem vollgeregneten Anorak war offensichtlich Jugend. Komisch.

November 2004

1000 Robota

Guten Menschen kommen oft die Tränen

Das erste Treffen mit den 1000 Robota. Mense Reents und ich sitzen mit der Band an einem Bistrotisch in einem Café auf St. Pauli. Es geht darum, ob wir die neue Platte produzieren sollen.
In echt sehen die Jungs noch jünger aus als auf den Fotos. Eher wie Teenager als angehende Twens. Anton Spielmann (Texter, Sänger, Gitarrist), manisch und abgeklärt zugleich, auf dem Schoß ein Pinscher-Welpe, sinngemäß: »Bildet euch bloß nichts drauf ein, wenn wir unsere Platte bei euch aufnehmen, von wegen unter eure Fittiche nehmen und so weiter. Wir machen das nur deshalb mit euch, weil wir selber noch nicht so weit sind.«
Die Arroganz der Jugend! Unwiderstehlich und unergründlicherweise immer im Recht. – Auf alle Fälle: Das ist doch mal eine Ansage. Kein grundloses, gemütliches: Ihr seid OK, wir sind OK, wie es seit mindestens zwanzig Jahren die Verhandlungsbasis des Indie-Business in Deutschland ist. Kein Eiergeschaukel, kein Einfügenwollen in irgendwelche Ahnenreihen.
Dieses Verweigern ungeschriebener Gesetze und Kumpeleien ist das, was die Robota so alleine dastehen lässt unter all den affirmativen Arschgeigen, die gegenwärtig eine Gitarre in die Hand nehmen. Und logischerweise fehlt den meisten, die im Referenzsystem Indierock – oder wie man das sonst nennen will – leben, der Blick auf das, was hinter dieser Verweigerung steht. Schon seit dem vorherigen Album wird die Band reflexhaft unter dem Label Krawallband abgeheftet – und gut ist. Tatsächlich geht es den Robota nicht um die hohle Pose einer im Rock in Zyklen immer wiederkehrenden Stinkstiefeligkeit, sondern um nichts Geringeres als um die Suche nach einem Aus-

druck, der ihr Verhältnis zur Welt formuliert – mit allen Zweifeln und allem Hass und allem Misstrauen. Kitschig, aber wahr: Es geht um Wahrhaftigkeit. Um das, was den Songs, von sagen wir mal Nina Simone oder Gustav Bedeutung verleiht. Ganz direkt lässt sich dieses Ringen an den Texten und am Gesangsstil festmachen. Anders als in Deutschland üblich gibt es den Sänger hier nicht als individualisiertes Künstlersubjekt. Die monotonen und ungewöhnlich strukturierten, meist refrainlosen Gesänge werden von Anton Spielmann und Schlagzeuger Sebastian Muxfeldt über die gesamte Platte gemeinsam gesungen. Jedes Wort, von Anfang bis Ende. Einzelne Textpassagen brennen sich ins Hirn.

»Wir singen so, weil wir nicht anders singen können. Wir schreien so, weil wir nicht anders schreien wollen / wir küssen sehr gern und wir tanzen sehr gern. – Doch weinen tun wir nicht und lachen tun wir nicht« (»Wir reißen uns zusammen«). »Es ist schade, dass vieles nicht mehr einfach ist, dass man sich oft so schämt / Skins sahen irgendwie aus, Mods sahen irgendwie aus und wie siehst du auf Myspace aus?« (»Held und Macher«). Zentral ist die Suche nach dem Wir. Als ob sie das für sich ausloten und mal schauen, wer sich dann so in diesem Wir wiederfindet. Weit einflussreicher als der ihnen angedichtete Rich Kids-Background scheint mir die Tatsache zu sein, dass Anton Spielmann 1989 in einem Ort namens Rote Fahne irgendwo in der zerfallenen Sowjetischen Provinz geboren wurde. So will es mir scheinen, als wäre mit dem Wort Robota keinesfalls der Kraftwerk'sche Roboter gemeint, sondern eine Mischung aus *rabota*, russisch für Arbeit, Werk, und *robot*, russisch für Roboter, Sklave, Drahtzieher. Die Sprache der Robota bedient sich einer deutlich anderen Begriffswelt als die üblichen Verdächtigen des deutschen Textens.

Wer hat hierzulande schon eine Vorstellung von dem, was ein guter Mensch ist oder von der Bedeutung des Gebens? Und wer wäre in der Lage, damit auf coole, unkitschige und aber auch nicht denunzierende Art zu hantieren?

Das Soundgerüst aus Bass, Schlagzeug und E-Gitarre, das ineinandergreifende Räderwerk von Riffs und Rhythmen sind für sich genommen gar nicht mal so ungewöhnlich. Aus jeder der zehn Nummern ließe sich ganz einfach ein zeitgenössischer dreiminütiger Rockkracher britischer oder US-amerikanischer Prägung zusammenschustern. Aber die Robota haben was anderes vor. Ihr Album »Ufo« folgt einem eigenen kompositorischen Entwurf abseits der eingetretenen Pfade des Rock und jenseits der ihnen angedichteten historischen Referenzen wie Gang of Four, NEU etc. Oft wird ein Part über mehrere Minuten trackhaft auf Spannung gehalten, ehe der Gesang einsetzt, sich eindringlicher werdend hochschaukelt und mit einem Break abbricht. Und dann kann es sein, dass der Song abrupt Rhythmus und Tempo wechselt oder zerbröselt und zu einer dreidimensionalen Geräuschkulisse aus Effektschleifen, Geigenschwellern oder Kinderkreiselgeschepper wird, ehe die ganze Maschine dann wieder unverhofft losbollert. An mehreren Stellen des Albums bemerkt man gar nicht den Übergang von einem Stück ins andere. Die Platte fliegt an einem vorbei wie ein mitreißender Roman, der jeden Moment einen unvorhergesehenen Verlauf nehmen kann.

August 2010

I also said suck my dick in front of a lot of peole

Zum Tod des US-amerikanischen Musikers Wesley Willis

Als Charles Mingus 1979 in Mexiko nach langer Krankheit starb, strandeten am gleichen Tag 56 Wale an der mexikanischen Küste. Es ist nicht weiter erstaunlich, dass dieses Ereignis im Zusammenhang mit Mingus immer erwähnt wird, weil es als plastisches Bild für eine derartige Persönlichkeit passend erscheint.

Falls beim Tod von Wesley Willis ähnliches passiert wäre, hätte es nicht allzu viele gegeben, die bereit gewesen wären, darin einen transzendenten Zusammenhang zu sehen.

Am 21. August 2003 starb der afroamerikanische Musiker Wesley Willis im Alter von 39 Jahren an Leukämie.

Bis zu seinem Tod soll er an die 50 CDs veröffentlicht haben. Einige davon auf Jello Biafras Label Alternative Tentacles, andere bei anderen Kleinstlabels oder in Eigenproduktion.

Seine Songs entstanden mit der genial simplen Methode, Preset-Arrangements gängiger Keyboards mit Ein-Finger-Spielweise zu bedienen und über diese Midtempo-Mainstream-Soft-Rock-/Country-Rock-Begleitungen Geschichten zu erzählen. Die Refrains hatten fast identische Melodielinien und wurden gesungen. Seine Stücke hießen beispielsweise: »Rock 'n' Roll McDonalds«, »He Goes to Prison«, »Cut the Mullet«, »Chronic Schizophrenia«, »Osama Bin Laden«, »Alanis Morissette«, »Jesus Christ«. Er hatte viele Hits. Eigentlich hatte er nur Hits. Nachdem er dahintergekommen war, dass die optimale Radiolänge eines Songs 2:50 Minuten ist, wurden von da an alle Stücke auf diese Länge geschnitten.

Bei allem, was Wesley Willis und Charles Mingus nicht gemeinsam hatten, ein bis zwei Dinge wären da doch, neben einer beachtlichen

Körperfülle und der entsprechend beeindruckenden physischen Präsenz: Sie hatten beide ein Leben lang gegen Dämonen zu kämpfen. Für beide war ihr Künstlersein eine Überlebensstrategie, nicht bürgerliche Selbstverwirklichung, und die Dämonen waren die der US-amerikanischen Gesellschaft. Tatsächlich gibt es ein Foto von Mingus, wie er 1966 aus seiner Wohnung zwangsgeräumt wird, auf dem man ihn beim flüchtigen Hinsehen mit Wesley Willis verwechseln könnte.

Im Fall von Wesley Willis nannte man das, was ihm den Kontakt mit diesen Dämonen verschaffte, Schizophrenie in Kombination mit leichtem Autismus. Ein Albtraum! Ständig redeten sie auf ihn ein, beschimpften ihn als Hurensohn und Schlimmeres, verboten ihm zu zeichnen (was er auch seit einer Weile tatsächlich nicht mehr konnte), lachten ihn aus, sagten, er würde lebenslänglich im Knast enden wie sein ebenfalls schizophrener Cousin und sein Onkel oder erschossen oder aufgeschlitzt wie einige seiner Schulfreund:innen. Die Geschichten seiner Jugend hörten sich an wie Grimms Märchen in Ghettostyle. Aber nicht erzählt mit dem eingefrorenen, hochmütigen Winnergrinsen eines ICE-T, wenn er in die Grundregeln des Pimping einführt, sondern wie die eines Gejagten, der in frischem Angstschweiß gebadet seine Albträume live überträgt.

Der Stiefvater, der ihm die Knarre an die Schläfe drückt, ihn im Crackrausch zwingt, beim Sex mit seiner Mutter zuzusehen. Der Angriff in einem öffentlichen Bus von einem Maniac, der sich von ihm bedroht fühlt und ihm die rechte Wange aufschlitzt usw.

»At least I'm making rock music, other folks go to jail.« »I will be somebody.« »I'm Wesley Willis, I'm a rock star.« »God does not want people to perish.«

In den zwei mal zwei Wochen, die ich mit ihm auf Tour verbrachte, habe ich viele Male miterlebt, wie er sich mit der Gewalt seiner bestimmt 150 Kilo gegen den Kopf schlug und losschrie, um diesen Teufel zum Schweigen zu bringen. Und wie er dann hinterher, rührend, schamhaft wissend um sein verängstigendes Gebaren, klarzustellen versuchte, dass nicht die Anwesenden gemeint seien, sondern seine Dämonen. »When I hear voices, my mind plays tricks on me […] It offends me everywhere I go« (»Shit and fuck«), und dazu stapft gemütlich die programmierte Fahrstuhlmusikkapelle seines Keyboards, deren Spiel den harmlosesten und mittelmäßigsten aller denkbaren Sounds und Arrangements nachempfunden ist.

Wesley war ein Medium, nicht nur eine Empfangsstation für Dämonen. Durch ihn sprachen Automobilwerbungen, Rock 'n' Roll-Mythen, die Lust an der Sünde (du sollst nicht fluchen) und die Angst vor dem Fegefeuer. Philanthropische Liebe, die Chicago Police, das Alte Testament, Sigmund Freud, Elvis Presley, Batman, fernöstliche Weisheit, das naive kindliche Amerika, Terminator 1 und Terminator 2 und was nicht noch alles.

Aber er sprach auch selbst. Er, diese strahlende, ehrliche Person, die keine Ironie kannte. Über das, was er liebte, hasste und wovor er Angst hatte.

Leute, die aus Chicago kommen, erinnern sich gut an Wesley Willis, als eine bekannte Figur im Stadtbild. Zeitweise obdachlos schlug er sich mit dem Verkauf seiner Zeichnungen durch, später begann er, mit einem Keyboard Straßenmusik zu machen. Einer der Legenden zufolge, soll er von der Band Urge Overkill von der Straße weg für ihr Vorprogramm gecastet worden sein. Von da an erlangte er rasch jenen Kultstatus in der alternativen Musikszene der USA, der es ihm ermöglichte, ein gutes Auskommen zu haben und ein paar der Dinge zu tun, die er am meisten liebte: in einem Bus durch die Gegend zu fahren und aufzutreten.

Was nun genau die Faszination für die meist johlende jugendliche Menge ausmachte, die zu seinen Konzerten kam, blieb mir seltsam unklar.

Vermutlich hatte es ebenso mit Freakshow zu tun wie mit ehrlicher Faszination und ehrlichem Respekt für Wesleys radikalen Nonkonformismus. Und natürlich mit dem Mitmachangebot, das in den Songs von vornherein enthalten war. Das fast immer homogene White-Middle-Class-Publikum liebte es, wenn Wes' unanständige

Worte (meist im Zusammenhang mit seltenen Tierarten) benutzte. »Suck a kakadou's dick, suck a polarbear's smelly ass with worcester-sauce« usw.

Einmal, in Arizona, als er die Meute als »Stupid Whities« beschimpfte, gerieten diese regelrecht in Verzückung, und es gibt da auch diese Geschichte von einem Konzert in Alabama, wo er die Herzen von mehreren hundert Nazi-Skins erobert haben soll.

Nur einmal, im EX in Berlin-Kreuzberg wollte man partout keine Ausnahme von bestimmten Prinzipien machen. Ein Teil des Publikums beschimpfte ihn derart penetrant, dass er schweißgebadet und merklich angeschlagen aufgab. Ich glaube, es ging um Sexismus, he also said, suck my dick in front of a lot of people.

Oktober 2003

Danke, dass Sie hier nicht ausbrüten

Chris Korda – House-Produzent,
Religionsstifter, Antihumanist

Weiß Gott, es gibt nichts, was es nicht gibt: eine Kirche zur Dezimierung der Menschheit, digital transportierte Technologiekritik fundamentalistischen Zuschnitts, propagierter Kannibalismus aus Veganerperspektive, Cross-Dressing und Tabubruch begangen mit einer Gitarre.

Eine herzhaft bürgerschreckliche, dadaistisch-nihilistische Kombination, ebenso unbekannt wie möglich, vor allem aber spinnert. Die Rede ist von Reverend Chris Kordas Church of Euthanasia, deren erstes Anliegen die Reduktion der menschlichen Spezies ist. Die Essenz dessen, was einem da im typischen American Way of Zivilisationshass um die Ohren fliegt, ist radikaler Antihumanismus auf hohem intellektuellen Niveau. Ein Paradies aus Widersprüchen.

Vorab sei erwähnt, dass Chris Korda eine überaus charmante und humorvolle Person ist. Ein Freund geistreicher Dialektik, guter Manieren und des Schönen an sich – also das genaue Gegenteil eines morbiden Apokalyptikers.

Die Church of Euthanasia (COE) wurde Anfang der 90er Jahre in Boston gegründet und ist mittlerweile eine in den USA anerkannte Glaubensgemeinschaft. Ideologische Basis der COE ist die Erkenntnis, dass die menschliche Spezies durch ihre dominante Stellung innerhalb der Natur verantwortlich ist für die Vernichtung anderer Lebensformen und deshalb dezimiert werden muss.

Korda: »Die ethischen Vorstellungen der COE basieren auf dem Grundsatz der Vielfältigkeit der Arten. Das menschliche Wohlergehen ist für mich nur eine Randfrage. Es gibt einen Sinn des Lebens, aber nicht im christlichen Sinne, dass der Mensch im Mittelpunkt der Schöpfung steht. Er ist auch nicht die rein willkürliche Ansammlung von chemischen Reaktionen, wie uns die Wissenschaft glauben machen will. Der Sinn des Lebens besteht darin, den Planeten für noch mehr Leben fruchtbar zu machen. Leben macht Leben. So ist dieser Planet von einem Stück Stein zu einem komplexen System von zig Billiarden Lebensformen geworden.

Das ist der Prozess der Evolution. In den letzten 5.000 Jahren hat nun der Mensch in diesen Prozess eingegriffen und Vielfältigkeit durch Monokultur und Standardisierung ersetzt.

Alle 40 Minuten verschwindet eine Spezies unwiederbringlich! Selbst wenn wir Pizza Hut oder Diskotheken aus irgendwelchen ästhetischen Gründen wunderschön fänden und es uns wunderbar erscheint, dass alles überall gleich ist, müssen wir sehen, dass es selbstzerstörerisch ist, Arten zu vernichten. Wenn wir die Gesundheit unseres Planeten vernichten, vernichten wir unsere eigene Lebensgrundlage. Für mich geht es hier um Ethik. Das hat nichts zu tun mit sozialer Gerechtigkeit, Klassenkonflikten oder Gott im Himmel. Es geht einzig und allein um biologische Vielfalt. Humanismus beinhaltet nicht die globale Existenz. Die COE ist in dieser Hinsicht recht einzigartig, es gibt nur wenige antihumanistische Organisationen.«

Empfohlene Mittel zur Reduzierung des Menschengeschlechts sind Freitod, Sterbehilfe, Sterilisation und Sexualpraktiken, die nicht der Reproduktion dienen. Sowie Abtreibung, wenn das mit den Sexualpraktiken schief gegangen sein sollte. Sexualität an sich wird von der COE ausdrücklich propagiert. Die Schriften Wilhelm Reichs zur sexuellen Befreiung gehören neben denen von Jacques Ellul (einem französischen Zivilisationskritiker mit marxistischem Background) zu den theoretischen Grundsäulen der COE. Auch dass Korda in der Öffentlichkeit als Frau auftritt, möchte er als emanzipatorischen Akt, als Zeichen gegen sexuelle Determination gewertet wissen. Generell ist Freiwilligkeit die Basis für alles Genannte. Wer Mitglied der COE werden will, verpflichtet sich lediglich, nicht zur Vermehrung der Menschheit beizutragen – thou shalt not procreate.

Die industrielle Gesellschaft und ihre globale Kultur des Konsums ist der Feind, den es zu bekämpfen gilt. Die zentralen Slogans der COE »Save the planet, kill yourself« und »Thank you for not breeding« richten sich an die Partizipator:innen der sogenannten ersten Welt, schließlich sind sie es, die mit ihrem Konsumverhalten am effizientesten Lebensgrundlagen vernichten.

Korda: »Eigentlich glaube ich nicht, dass der Mensch von Natur aus böse ist. Die westliche Zivilisation ist böse. Sie ist aber erst 5.000 Jahre alt. Ich glaube, dass Menschen sich ändern können. Es ist möglich, ihre Herzen zu erreichen und sie zu verändern. Ich weiß das, weil ich selbst verändert wurde – von Erfahrungen, von Dingen, die ich gelesen habe. 1990 hatte ich nichts zu sagen und für gesellschaftliche Zusammenhänge keinerlei Bewusstsein. Die erfolgreichsten und genussvollsten Momente sind für mich die, in denen es mir gelingt, jemandem Bewusstsein zu verschaffen, ihm Informationen zu geben, die ihm bis dahin unbekannt gewesen sind, und ihn in eine Richtung zu bewegen, die ihn zu einer subversiven Person werden lassen kann. Ich entwickle Fähigkeiten, die nützlich sind, um Leute zu selbständigem Denken zu animieren, ohne sie zu überrumpeln, wie es die Massenmedien tun.«

Das ist nicht gerade die klassische Methode, eine Kirche groß zu machen, wo doch nahezu jede Massenreligion mit dem Versprechen oder der Intention arbeitet, ihren Anhänger:innen das Denken abzunehmen. Auch bietet die COE dem Individuum naheliegenderweise wenig Perspektive für das eigene Seelenheil. Und wer zu einer ähnlichen Analyse bezüglich der Zerstörung biologischer Vielfalt kommt, wird es vermutlich eher bei einer Mitgliedschaft bei Greenpeace bewenden lassen.

Auf alle Fälle sind die Aktionen der COE in einem viel lustfreundlicheren Sinne spektakulär als die mit der Pedanterie von Eliteeinheiten geplanten Stunts auf Erdölplattformen. Stets gewaltfrei versuchen die Anhänger:innen der COE größtmögliche Verwirrung zu stiften. Hierzu verwenden sie möglichst tabubrechende Parolen, Symbole und Aktionsformen. Auf ihren Transparenten stehen Dinge wie »Eat a Queer Fetus for Jesus«, »Depressed? Commit Suicide«, »Spermfree Cunts for the Earth« oder »Abortion Surviver«. Der propagierte Handlungskatalog wird noch um die beiden Schocker Sodomie und Kannibalismus erweitert, wobei das eine für nicht reproduktive Sexualpraktik, das andere für die einzig vertretbare Art, Fleisch zu essen, steht. Die unkonventionelle Logik hinter dieser Forderung: Wenn Menschen schon meinen, Fleisch essen zu müssen, warum verspeisen sie dann nicht Artgenoss:innen, die sowieso schon gestorben sind? Dieses unsentimentale Verhältnis zum Umgang mit den sterblichen Überresten des Menschengeschlechts rückt die COE hier ausnahmsweise in rhetorische Nähe zu der Argumentation von Autokonstrukteur:innen.

Die öffentlichen Auftritte der COE sind stets eine Mischung aus Prozession, Demonstration und spaßguerillahaftem Happening. Zum Erscheinungsbild gehören neben Chris Korda als adretter Dame Pastor Kim in katholischer Priesterkluft und einer ans Kreuz genagelten Sexpuppe, das »Beeing« genannt, immer auch ein paar dutzend »normal« aussehender Aktivist:innen.

Korda: »Unsere Aktionen sind in einem situationistischen Kontext zu sehen. Unsere Strategie ändert sich ständig. Ein paar Leute können schon genügen, wenn es ihnen gelingt, in eine offene Situation zu treten und die Türe für eine größere Kraft aufzutreten.«

Das zentrale Thema der COE, die Verminderung der Nachkommenschaft der Menschheit, führt sie bei ihren Aktionen fast zwangsläufig an die gleiche Front wie die Gruppen der religiös-fanatisch motivierten Abtreibungsgegner:innen und die der gemäßigten Befürworter:innen: Abtreibungskliniken und Spermienbanken. Die Reaktionen reichen von Angst und Hass bis zu blankem Unverständnis. Obligatorisch sind große Fragezeichen auf den Gesichtern von Passant:innen, Aktivist:innen und Polizei. Letztere ist es auch, die das Spektakel meist beendet.

Anlässe für Aktionen der Church gibt es zuhauf. So entblößte sie bei einer Wahlveranstaltung der republikanischen Partei Hakenkreuze und rief dazu auf, republikanisch zu wählen, da dies die einzige Hoffnung für ein faschistisches Amerika sei. Zur Himmelfahrt der Heaven's Gate-Sekte wurde für dieses derart vorbildliche Verhalten ein Segnungsgottesdienst abgehalten.

Ein fast schon traditioneller Aktionstag der COE ist der Earth Day. Ursprünglich von der Ökologiebewegung der frühen 70er Jahre eigenständig initiiert, entwickelte sich der Earth Day in der Zwischenzeit zu einem Sponsoringspektakel der abstoßendsten Sorte. An diesem Tag zeigt sich überall in den USA auf unzähligen Festivals das wahre Verhältnis von Kapitalismus und Rockkultur.

Korda: »Da war also wieder der Earth Day. Das Jahr zuvor war es uns gelungen, mit einer gefakten Erlaubnis Zugang zu dem Festivalgelände in der Nähe von Boston zu bekommen, wo wir ein Human-Meat-Barbecue durchführten. Klar war, dass es diesmal nicht so einfach sein würde. Das Festival war an einem großen Fluss. Also bauten wir ein Floß für acht Personen, ein Banner und ein fettes Soundsystem. Wir ruderten über den Fluss und waren plötzlich direkt vor einer riesigen Menschenmenge. Wir ankerten, hissten das ›Save the Planet, Kill Yourself‹- Banner und drehten das Soundsystem auf. Wir beschallten das verdammte Rockkonzert, jede:r konnte uns hören. Wir erzählten den Leuten, dass es totaler Bullshit ist, mit den ganzen Großkonzernen, die sich hier als Beschützer der Umwelt aufspielen usw. Dann kam ein Typ mit einem Motorboot und brüllte: ›Haltet verdammt nochmal das Maul, wir wollen das Konzert hören!‹ Wir drehten die Anlage noch lauter, er begann uns zu umkreisen. Dann kam er mit Vollgas auf uns losgeschossen. Ich dachte nur: Shit, das war's, klammerte mich an das Soundsystem und sagte mir: Na gut, dann gehe ich halt unter mit dem ganzen Scheiß. In letzter Sekunde drehte er dann ab. Wir kippten um ein

Haar über. Die Leute am Ufer schrien wie verrückt, aber sie feuerten nicht uns an, sondern diesen Motorbootfahrer. Dann tauchte die Polizei auf. Sie war so in Eile gewesen, dass sie nicht mit einem Polizeiboot, sondern irgendeinem gelben Boot kam. Es war ein surreales Szenario. Da waren diese Bullen in diesem beschlagnahmten knallgelben Boot, das die Earth-Flagge gehisst hatte, – die Earth-Cops sozusagen, die uns zuriefen, dass sie um unsere Sicherheit besorgt seien und wir nun aufgeben sollten. Schließlich kam ein richtiges Polizeiboot, um uns da wegzubekommen. Jetzt fingen die Leute an, die Polizei zu beschimpfen, sie riefen ›Fuck the police‹ und ›Free speech‹. Die Polizei drohte, uns festzunehmen, wir lehnten ab und kollaborierten wie in den meisten Fällen. Es ist kein Spaß, in den USA verhaftet zu werden. Ich erzähle diese Geschichte, um zu illustrieren, wie viel Aufwand es kostet, für nur fünfzehn Minuten ein Fenster der freien Rede zu öffnen, den herrschenden Machtstrukturen nur für einen Moment etwas entgegenzusetzen.«

Abgesehen von der bewusst gewählten Unterscheidung von inhaltlicher Essenz und propagandistischen Mitteln, trifft vieles im Erscheinungsbild der Kirche hier in Europa auf einen ganz anderen Referenzrahmen als in den USA. Bekanntlich ist dieses große, stolze Land das Werk von christlichen Fanatiker:innen. Religiöse Marotten treffen dort auf mehr Toleranz als politisches Abweichler:innentum, sprich Infragestellung der Herrschaftsverhältnisse. Als ein Beispiel sei die gezielte Vernichtung der Black Panther Party genannt im Vergleich zum Fortbestand der Nation of Islam.

Ebenfalls beispielhaft für dieses Musterland der Demokratie sind zwei gleichgeschaltete Parteien und eine Wahlbeteiligung unterhalb der 50-Prozent-Grenze, während sich eine vierstellige Zahl von eingetragenen Glaubensgemeinschaften auf einem krisensicheren Markt tummeln. In Chris Kordas Strategie, die Form Kirche der Form politische Organisation vorzuziehen, zeigt sich ein speziell US-amerikanisch geprägtes Verständnis von Politik, Gesellschaft und Opposition.

Korda: »Natürlich spielte neben strategischen Überlegungen auch Sarkasmus eine Rolle bei der Entscheidung, ausgerechnet eine Kirche zu gründen. – Die Lust, die katholische Kirche anzugreifen, denn ihre Ideologie ist die Ideologie der industriellen Gesellschaft. Der Hauptgrund, warum wir keine politische Organisation gegründet haben, ist jedoch der, dass wir nicht an die politische Illusion glauben. Wir bieten ein ethisches System an, und Ethik liegt für mich außerhalb von rationalen Prozessen. Ich spreche hier von tiefgehender emotionaler Veränderung. Bewusstsein zu vermitteln ist eine emotionale Angelegenheit. Vielleicht ist auch Transformation das richtige Wort. Wenn Leute diese Verwandlung durchmachen, und danach persönliche Verantwortung empfinden, ist das kein intellektueller Akt. Es ist emotional. Entweder du fühlst eine Art Verletztheit oder Scham darüber, wie sich die Dinge in der Zivilisationsgeschichte entwickelt haben, oder nicht. Wer das nicht empfindet, der wird sich nicht mit bloßen Worten überzeugen lassen«.

Kordas Strategie, ausgerechnet die technikfixierteste und globalisierteste Art von Popmusik als Propagandamedium zu nutzen, ist symptomatisch für die Widersprüche, die einen fundamentalistischen Zivilisationskritiker stets und überall umgeben.

Korda: »Ich glaube nicht, dass man ›pur‹ sein muss, um wirkungsvoll zu sein. Außerdem ist es totalitär, alles klar zu definieren und in Gut und Böse zu unterteilen. Für mich sind das Paradoxien und der Widerspruch etwas Positives. Auch ich trage die Last und die Schuld der industriellen Gesellschaft in mir. Ich bin in New York City aufgewachsen. Ich weiß nicht, wie man Gemüse anbaut, ich weiß, wie man Computer programmiert. Ich bin Teil der industriellen Elite und das wird sich innerhalb meines Lebens kaum ändern. Aber ich versuche ehrlich damit umzugehen, meine Widersprüche nicht zu verstecken. Das ist auch eine wichtige Absicht der Kirche, den Leuten ihre Widersprüche bewusst zu machen, und so verhält es sich auch mit meiner Musik. Auf der einen Seite ist sie ein ausgezeichnetes Transportmittel für meine Botschaft, außerdem macht sie mir persönlich Spaß. Auf der anderen, der intellektuellen Seite, bin ich wütend auf mich selbst, da ich am falschen Prinzip partizipiere, Teil der falschen, globalen, technologisierten Kultur bin. Jeder ist gefangen in dieser Maschine, die wir ›Technological Trance‹ nennen. Hypnotisiert von dem glänzenden, pulsierenden Bullshit. Das ärgert mich wirklich, weil ich denke, dass es die individuelle Fähigkeit zur Reflexion beschädigt.«

Kordas Weg zum Technoproduzenten ist recht untypisch. 1977 begann er, Gitarre zu spielen. Er studierte Musiktheorie unter anderem bei Jerry Bergonzi (einem renommierten Saxophonisten der Coltrane-Schule).

Er wollte Bebop-Gitarrist werden, spielte Jazzstandards in Restaurants und auf der Straße, war Mitglied einer Fusionband und gab White-Middle-Class-Kids Gitarrenunterricht, die eigentlich nur wissen wollten, wie man Speedmetal spielt.

Korda: »Ich weiß nicht mal, wie man Turntables bedient. Ich kaufe auch keine Platten. Um ehrlich zu sein, interessieren mich anderer Leute Platten gar nicht. Die meiste Musik, die ich wirklich mag, ist nicht elektronisch. Mein großer Held ist John Abercrombie, weitere Einflüsse sind Jan Hammer, Pat Metheny und so weiter. Die einzige Art elektronische Musik, die mich nachhaltig beeinflusst hat, ist House.«

1993 veröffentlichte er seine erste CD »Demons in My Head«, eine düstere Soundcollage. In dieser Zeit begannen auch seine Aktivitäten für die COE. Er selbst bezeichnet diese Platte als Teil seines seelischen Heilungsprozesses, seiner persönlichen Teufelsaustreibung. Das Interesse an Kordas Musik blieb in den USA gering, auch als 1994 das Musik gewordene Manifest der Church »Save the Planet, Kill Yourself« veröffentlicht wurde. Mehr Beachtung erfuhr sie erst drei Jahre später in Europa, als DJ Hell aus München auf diese Platte aufmerksam geworden war und sie auf seinem Label International Deejay Gigolo Records herausbrachte.

Einem europäischen Publikum stellte sich Chris Korda erstmals während der Popkomm 1997 aufs Eindrücklichste vor. Zu jener Zeit, als sich in der Repräsentation elektronischer Musik das theatrale Element fast ausschließlich auf das Drehen von Köpfen und Knöpfen beschränkte, inszenierte er sich in einem schlichten Abendkleid als Tänzerin zu einer DAT-Kassette. Er tanzte seltsam affektiert, wie Damen der besseren Gesellschaft auf Cocktailpartys in Filmen der 60er Jahre. Sein abgründiges Sekretärinnenlächeln vervollständigte die Strangeness dieses unerwarteten Auftritts. Als er schließlich in der großen Geste einer Chanteuse zur Gitarre griff und ein paar seiner Texte als Grunge-Balladen herunterschrammelte, war der Tabubruch perfekt, das Publikum vollends polarisiert.

Nach einer weiteren Maxi (»Sex is good«) veröffentlichte Korda vergangenen Sommer sein erstes Album »Six Billion Humans Can't Be Wrong«. Es handelt sich hierbei, wenn man so will, um eine zeitgenössische Jazzrockplatte auf der gelegentlichen Basis von Housebeats. Andere sprechen von Deep House.

An allen Ecken und Enden begegnet mensch diesen warmen, kantenlosen Synthiesounds, die den Älteren unter uns noch aus Fernsehkrimis und TV-Magazinsendungen bekannt sind. DX7-E-Pianos, Hammondorgeln, Moogsounds (eher im Passport'schen als im Kraftwerk'schen Sinne) – alles da und doch nicht retromäßig. Wenngleich ein böses Déjà-écouté für manche. Zuweilen wird auch mal eine halbe Ewigkeit gejammt, während die Band, die es nicht gibt, das Riff spielt. Alles bleibt auf Spannung, jetzt die Wah-wah-Orgel, gleich wird sich was ändern. – Ah, eine Stimme (kräftig, stolz, bedeutsam): »Insanity ... determination ... zeal.«

Er hantiert mit menschlichen Stimmen, so dass sie mehr sind als Klangfarben, akustische Signale weiblich-sexueller Verfügbarkeit oder Klischees von Roboterexistenzen. Meist reichen ihm ein paar Worte, um damit COE-Botschaften zu konstruieren. Die einzelnen Worte werden von verschiedenen Leuten gesprochen. Sie haben die Kürze und Plakativität der Transparente und werden mantraartig wiederholt, durch kleine Änderungen in der Abfolge inhaltlich variiert. »Consume, buy more, be happy«, »What's the difference? Cow flesh, chicken flesh, pig flesh, human flesh [...] Human flesh, pass the ketchup [...] Kill!« Meist schälen sich aus Lauten, die lange Zeit als rhythmisches Element dienen (z. B. als Hi-Hat), Worte und Sätze, die plötzlich Bedeutung transportieren.

Zwei Tracks fallen auf dieser Platte aus dem Rahmen. Zum einen das erwähnte »Save the Planet, Kill Yourself«, das mit seiner technoiden Aggressivität und seiner präzisen Schärfe unerreicht bleibt. Zum anderen »Fleshdance«, wo durch die Mitwirkung von DJ Hell ein offensichtlicher Hang zum Dancefloor die Handschrift Kordas verwischt. Kordas Verhältnis zu Technokultur im Allgemeinen gleicht dem einer abgeklärten Heilsarmistin zur Reeperbahn.

Korda: »Das ist Musik für Leute, die total überstimuliert sind. Sie sind innerlich so tot, dass es einer wahnsinnigen Lautstärke und brutaler Lichteffekte bedarf, um sie etwas fühlen zu lassen. Elektronische Musik ist das exakte Abbild unserer Informationsgesellschaft. Die flackernde Obsession der Gegenwart ersetzt jede perspektivische Wahrnehmung und reduziert sie auf das Jetzt. ›now, now, me, me, me, everyone agrees with ME‹ (»Six Billion Humans Can't Be Wrong«). Unter anderem ist damit natürlich die Loveparade gemeint. Für mich ist das eine Art Naziparteitag, extrem totalitär. Über eine Million Menschen rund um dieses phallische Monument. Der Über-DJ hoch oben auf dem Podium, die Massen in Bewegung haltend. Und dann dieser Slogan: ›One World, One Future‹. Es ist der perfekte Ausdruck für die globalisierte industrielle Gesellschaft. – One World, One Shit.«

Es bedarf keiner großen Phantasie, sich vorzustellen, welche Kontroversen Kordas Positionen vor allem in Deutschland provozieren. Vielen kommt schon beim Namen der Kirche die Galle hoch. Tatsächlich lässt sich im deutschsprachigen Raum kaum ein Lexikon finden, in dem der Begriff »Euthanasie« ohne Verweis auf den Massenmord an Behinderten und Kranken im Nationalsozialismus erklärt wird. Während in englischen Nachschlagewerken meist nur die ursprünglichen Bedeutungen erwähnt sind: eu (schön), thanatos (Tod); die Praxis des schmerzlosen Tötens, im Besonderen in Fällen von unheilbarer Krankheit.

Eine noch heftigere und im Grunde indiskutable Provokation stellt Kordas ganz eigene Relativierung des Holocausts dar. Für ihn ist er nicht nur deshalb kein einmaliger Vorgang, weil beispielsweise die Kolonialmächte mit der zum Teil planmäßigen Ausrottung diverser Ureinwohner:innen ähnlich vorgegangen sind wie die Nazis, sondern wegen des Fakts an sich, dass die menschliche Zivilisation seit Jahrtausenden Tiere und Pflanzen vernichtet.

So logisch eine derartige Argumentation für einen Veganer sein mag, und so notwendig es ist, die Barbarei des Kolonialismus von dem verharmlosenden Herrenmenschengedanken zu trennen, es wären eben höhere auf primitivere Kulturen getroffen – warum muss es denn immer gleich der Holocaust sein? Das Schwarzbuch des Kommunismus, die Walser-Debatte und der Umstand, dass gerade im Kosovo-Krieg jede Seite mindestens einen Hitler auf der anderen ausgemacht hatte, zeugt von dem enormen Abnutzungseffekt, der in seiner letzten Konsequenz zum Verschwinden von Geschichte und dem totalen Triumph des Jetzt führt. Aber wie soll eine derart »europäische« Argumentation jemanden auf Anhieb überzeugen, der nicht an die Politik und die menschliche Zivilisation glaubt?

Das geplante Coverfoto, das Korda nackt im Dachauer Verbrennungsofen zeigt, stieß dann auch an die Grenze dessen, was Gigolo meinte, der Öffentlichkeit zumuten zu können. Das umstrittene Foto wurde ersetzt durch eins, das Korda in seinem Performance-Outfit, als eine Mischung aus Demi Moore und Juliette Greco zeigt. Zwar ist damit dem Titel der Sinn genommen, aber dafür erspart sich Gigolo-Records eine Debatte, die das Label weder inhaltlich noch von der Kapazität her hätte tragen können.

Die Diskussion über die Symbolsprache dieses Fotos wäre schon für sich genommen ein abendfüllendes Thema. Und dennoch würde es keine:n jene:r Schlaubergerschreiber:innen umstimmen, die sich in der Gewissheit wähnen, dass es sich bei Chris Korda um einen Quasi-Rechtsradikalen im Transenpelz handelt.

Der Formalismus dieser vereinzelt geäußerten Kritik erinnert an den Faschismusvorwurf der alternativen Szene an Punk und New Wave Ende der 70er Jahre. Diese Argumentation funktioniert nur durch die bewusste Unterschlagung, sowohl des Spielerischen in der Zeichensprache der COE, als auch der antiautoritären Aspekte wie der unbedingten Freiwilligkeit als Basis jeglichen Handelns sowie des Faktes, dass die gestellten Forderungen ausnahmslos die gesamte Menschheit betreffen.

Sollte der geneigten Leser:innenschaft nun nach einer psychologistischen Erklärung für Kordas individuelle Motivation sein, es böte sich die naheliegendste aller Möglichkeiten – Vatermord. Korda kommt aus einer Familie, die seit Generationen das britische und US-amerikanische Kulturleben mitbestimmt. Sein Großvater und dessen Brüder waren ungarische Juden. Sie gelangten über Wien, Berlin und Paris nach London, wo sie sich ab Ende der 20er Jahre um den Aufbau der britischen Filmindustrie verdient machten. Alexander Korda, Chris' Großonkel, wurde hierfür später zum Ritter geschlagen. Sie produzierten Filme wie »The Third Man«, »Red River« und »Jungle Book«. Chris Kordas Vater, Michael Korda, der in den USA aufwuchs, brachte es in den 70er Jahren mit seinen Büchern »Power« und »Success« sowohl in den USA als auch in Europa in die Bestsellerlisten. Heute ist er Chefherausgeber bei Simon&Schuster und zählt Henry Kissinger und Cher zu seinen Freund:innen. Natürlich missfällt diesem gestandenen Playboy das transsexuelle Treiben seines Sohnes ebenso wie dessen antihumanistischer Aktionismus. Zum Bruch zwischen den beiden kam es, nachdem das erwähnte Dachaufoto in einer großen New Yorker Tageszeitung zu sehen gewesen war.

Unbeirrt missioniert Chris Korda derweil weiter im Herzen der Bestie, dem Technomilieu. Wir wissen nicht, wie viele Seelen er der »Technological Trance« auf der letzten Loveparade entreißen konnte, aber konkurrierende Seelenfängerorganisationen wie die Junge Union oder die katholische Kirche mögen eine:n dazu verleiten, ihm für sein Vorhaben alles Gute zu wünschen. Zu guter Letzt ist der Kampf gegen die Menschheit auch der Kampf gegen den Kapitalismus, nicht wahr?

Juni 1999

III.

Munich – München in drei Lebensabschnitten

Alle 76 Jahre eine Revolution und dazwischen ein paar Riots und Wirtshausschlägereien. Seinen Namen tragen ein Putsch, eine Räterepublik, ein Blutbad und ein Schandvertrag der Weltpolitik. Man hält sich hier nicht auf mit protestantischer Vernunft, was zählt, sind große Gesten von landadliger Zunft. / Munich / Zur Sache Schätzchen, mir san mir und o'zapft is, ein Maofußballglamstar als Bildkolumnist, Uschis neue Rockmusik mit Namen progressiv und eine neue Weltordnung unter Lady Bump der Ersten. Ein Volksschauspieler mit anarchistischem Gemüt und ein König, der gewählt war ohne adliges Geblüt. / Munich / Man ist hier nicht zimperlich, prüde war man nie, es regiert grobe Herzlichkeit, stabile Harmonie. Und eine große Lust und ein großer Durst und ein warmer Wind, der mit den Launen spielt. Man holte sich Italien, nannte seinen Garten Englisch, baute Boulevards und blieb im Herzen latent bäurisch, rustikaler jedenfalls als sonst die Bourgeoisie, lustloses Schöngetue war ihre Sache nie.

Die Goldenen Zitronen: Munich

Mit München ist es so eine Sache. Fast überall hängt den Menschen aus der Bayerischen Hochebene der Ruf nach, sie seien versnobt, stur und spießig. Angeblich empirisch belegt dauert es durchschnittlich zwei Sekunden, bis man angehupt wird, wenn man an einer Ampel nicht sofort bei Grün losfährt (in Hamburg sollen es sechzehn Sekunden sein).

Eine Stadt, in der die Menschen freiwillig Geld in aufgestellte Zeitungskästen werfen, statt sich einfach so zu bedienen, und wo man ein Fahrrad mal ein paar Tage unabgeschlossen rumstehen lassen kann, übt natürlich keinen Reiz aus auf Leute, die Urbanität mit Überlebenskampf und krassen Gegensätzen verbinden. Wohlbehütet und sauber ist es ja schon zu Hause. In Pforzheim, Pinneberg oder Aschaffenburg.

München ist eine verspätete Industriestadt und es scheint, als stecke immer noch etwas Ländliches in den Umgangsformen ihrer Bewohner:innen.

Verschüttet unter der Oberfläche verbirgt sich aber eine ganze Menge Geschichte von Nonkonformismus, Querulantentum und Rebellion, die im Bewusstsein der Bewohner:innen keine Rolle spielt. Anders als in Paris, wo eine Messingtafel vor jedem Café hängt, in dem Cocteau, Picasso oder die Piaf mal einen Apero genommen haben und eine Rue Robespierre existiert, gibt es in München nicht viele Hinweise dafür, dass diese Stadt immer wieder Anlaufpunkt für Boheme und Revolutionär:innen, Maler:innen, Musiker:innen und Literat:innen gewesen ist. In der Zeit vor dem 1. Weltkrieg bis in die frühen 20er Jahre, den 50er, 60er und frühen 70er Jahren und zuletzt im Verlauf der 90er. Eine wichtige Rolle spielte dabei meist auch die Kunstakademie, die von den Architekten der Bayerischen Könige, wie es sich für einen anständigen monarchistischen Kunstbegriff gehört, ins Zentrum gesetzt worden war. Stolz prangend inmitten der Prachtbauten Schwabings, die aus der bäurischen Provinzhauptstadt eine dem jungen Königtum angemessene Metropole machen sollten. Mit viel Mühe imitierte man Renaissance und Klassizismus, baute einen Triumphbogen, eine Siegessäule und einen Boulevard, hinter dem die Stadt zu Ende war.

1. Ich in der Wirklichkeit: Mein erster Tag in einem bürgerlichen Kindergarten in Nord-Schwabing 1968 war die Hölle. Als Zugezogener der grobschlächtigen Landessprache nicht mächtig und meiner linksliberalen Herkunft wegen ungeübt in autoritären Konditionierungsmethoden, fühlte ich mich wie in einem Foltercamp.

Mein Unglück schien so anrührend, dass meine Mutter sich daran machte, den ersten antiautoritären Kinderladen Münchens zu organisieren. In der rasanten Dynamik dieser Zeit ließen sich schnell andere Eltern finden, die aus dem aufgeklärten Bürgertum oder der Münchner Boheme kamen. Zu meinen Sandkastenfreund:innen gehörten unter anderem die Kinder von BR-Redakteur:innen, Grafiker:innen, Konzeptkünstler:innen, Musen, Lyriker:innen und Schauspieler:innen.

Von nun an wurden wir als Vorhut von etwas Kommendem, Neuem angesehen. Wir galten als eine neue Spezies. Kinder mit langen zerzausten Haaren und meist eingesauten Klamotten machten in dieser Zeit einiges her, je nachdem als Freiheitsprojektion oder als Horrorvision. Einmal schubsten mehrere Spießermütter meine Mutter auf einem Spielplatz in eine Hecke, weil sich deren Kinder auch ermutigt gefühlt hatten, mit ihren weißen Söckchen im Matsch herumzustampfen.

Die Band Amon Düül II spielte beim Geldbeschaffungskonzert für den Kinderladen, die Musiker von Embryo kamen mit indischen Instrumenten an, um mit uns zu jammen (schrecklich). Die Künstler aus der Haifischkommune in der Giselastraße nahmen Gipsabdrücke unserer Ärsche, die sie dann aus Plastik fertigen ließen und für einen guten Zweck und gutes Geld in größeren Auflagen auf dem Kunstmarkt vertickten. Ein fortschrittlicher Spielzeugladen ließ uns einen Tag lang probespielen. Beim großen Streik der Kunstakademie durften wir unter allgemeinem Applaus die heiligen Hallen mit Fingerfarben beschmieren usw.

Ich erinnere mich an endlose sonnige Tage im Englischen Garten. Baden am Kiesstrand der Isar. Schlittenfahren auf dem Trümmerberg. Unversöhnliche ideologische Streite zwischen meinen Eltern. Große Jugendstilwohnungen mit Fischgrätenparkettböden. Kommunenchaos. Boulevardgeschlender auf der Leopoldstraße. Hausdurchsuchungen. Baustellen für die neue U-Bahn, die zur Olympiade fertig werden sollte, und finster dreinblickend debattierende Langhaarige, in dichten Schwaden von Gaulouises- und Roth-Händle-Rauch.

Die Symbiose aus dem libertären und dem restriktiven München ist in etwa die von »Leben und leben lassen« und »Mir san mir« auf der Basis von: »bauen, brauen, saufen«. Es scheint, als sei alles gestattet, was Spaß macht, solange es nicht die Interessen der Autoritäten und die Erscheinungsform des Bestehenden antastet.

Wer genau diese Autoritäten sind, ist nicht so einfach auszumachen. In jedem Fall sind es aber die Besitzenden, denn Eigentum ist in Bayern noch heiliger als anderswo, in Koalition mit denen, die sich mit den Besitzenden identifizieren. Es ist ja nicht so, dass die Amigo- und Gspusiaffären der CSU-Granden und ihrer Männerfreunde unserer Tage ein Phänomen der jüngeren Geschichte wären. Der Hang zur Vorteilsnahme, Vetternwirtschaft und Manipulation hat seine Ursprünge bis weit in den Feudalismus und seine Ursachen in der traditionellen Gott- und Obrigkeitsgläubigkeit der Bewohner:innen dieses Landstrichs. Wer Spaß an diesem Thema hat, muss sich unbedingt den Feuchtwanger-Roman »Erfolg« beschaffen.

Eine weitere mafiöse Macht, die für das Nachtleben von großer Bedeutung ist, sind die Brauereien. Ohne deren Gnade ist es praktisch unmöglich, in München eine Kneipe zu betreiben. Sie diktieren im ganzen Stadtgebiet die Pachtkonditionen. Sie bestimmen die Bierpreise und Sorten und verhängen erpresserische Abnahmevorgaben.

2. Mein erster Trip: Münchner Rock-Tage Frühjahr 1982 in der Alabamahalle, eine Lokalität auf ehemaligem US-Kasernengelände in Richtung nördlicher Stadtgrenze. Die Bands hießen Abwärts, Der moderne Man und Bärchen und die Milchbubis. Pablo, der damalige Freund meiner Mutter, für mich sowas wie ein großer Bruder, hatte schwarze Micros von phantastischer Qualität aufgetrieben. Ziemlich bald hatte ich meine Schuhe verloren und tanzte stundenlang Pogo, barfuß zwischen all den Springerstiefeltypen. Ich fühlte mich unver-

letzlich. Mark Chung, der Bassist von Abwärts, war von hinreißender Schönheit, und Mufti erschien mir wie der erste Mensch, der dem Urschlamm entstiegen war, oder nein, wie ein neuer, frischer Gott. Dass er tatsächlich das Bühnenbild bestehend aus übergroßen Elvis-, Jimi Hendrix- und Johnny Rotten-Abbildungen mit einer Axt zerhackt hat, habe ich erst neulich bei der Lektüre von »Verschwende deine Jugend« bestätigt bekommen. Ich war sicher, mir das Ganze nur eingebildet zu haben. Pablo, der irgendwann mit den Worten: »Ich habe noch einen Pflaumenkuchen zu Hause« pantomimisch ein Tablett schwingend im totalen Getümmel Richtung Bühne entschwunden war, fanden wir Stunden später völlig zerfetzt vor der Halle. Zum Runterkommen spazierten wir später am verwunschenen Eisbach entlang, und ich verliebte mich in einen Baum, der heute noch in der Pestalozzistraße vor der Friedhofsmauer steht.

Orte, wo Punk und New Wave-Musik stattfinden konnten, wurden immer weiter nach außen gedrängt. Nacheinander waren wichtige Treffs wie das Damage, das Milbertshofener Stadtteilzentrun (ein für München seltenes Beispiel, wo Linke versucht hatten, die proletarische Jugend zu agitieren) und das Lipstick geschlossen worden. Wichtige Konzerte fanden immer häufiger außerhalb Münchens, im Gasthof zur Post, im Dorf Ampermoching unweit der Stadt Dachau statt.

Aktivist:innen aus dem Punkumfeld, die unter dem Label Freizeit 81 der als verkrustet wahrgenommen Alternativlinken eine andere Praxis entgegensetzen wollten, wurden innerhalb weniger Wochen mit tatkräftiger Unterstützung der Boulevardpresse gejagt und abgeurteilt. In ihrem Fanzine hieß es: »Freizeit 81 ist kein schwarzer Block, keine feste Gruppe. Freizeit 81 sind Flugblätter, Zeitungen, Konzerte, Sprühaktionen, Steine, Mollies – jeder auf seine Art [...] Freizeit 81 ist eine Festveranstaltung gegen die BRD.« Zu derartigen Kampfansagen später.

Wer es sich leisten konnte und wem es gelang, am Türsteher vorbeizukommen, konnte sich auch später noch innerhalb der Stadttore im Tanzlokal Größenwahn vergnügen. Anfang 1983 hatte sich die bis dahin angenehm heterogene Szene, in der im Gegensatz zu anderen Städten Schwule eine wichtige Rolle spielten, endgültig gespalten.

Und dann war da noch: Das oft stundenlange Rumgestehe an der Autobahnauffahrt Ulm-Ost, bis wir endlich einen Lift nach München bekamen. Das Rumgedruckse vor dem Sado-Maso-Laden nahe der Lindwurmstraße, wo wir in Ermangelung anderer Möglichkeiten, an Nietenarmbänder ranzukommen, einfach reinmussten. Der Rocker am Ostbahnhof, der seinen Arm um mich legte, und sagte: »Woist, I kann Panker ums verrecka ned ausstehn« und mir dann einen Kinnhaken verpasste, der mich Sternchen sehen ließ. Und der Beginn einer neuen Zeit: Kurtis Blow im Vorprogramm von Palais Schaumburg im Schwabingerbräu.

Die alte Hymne der Stadt besagt, dass, solange die grüne Isar durch die Stadt fließe, die Gemütlichkeit niemals aufhören würde. Wenn es mal jemand auf diese Gemütlichkeit abgesehen hat, gibt's Saures. Die Staatsmacht offen herauszufordern ist noch niemandem gut bekommen.

Eine kleine Auswahl von Beispielen:

Die Schwabinger Krawalle, die ersten sogenannten Jugendunruhen der BRD, hervorgerufen durch das grundlos schikanöse Vorgehen einiger Bullen gegen ein paar musizierende sogenannte Gammler:innen im Jahr 1962, forderten mehrere hundert Verletzte und drakonische Strafen.

Bei der Rückeroberung Münchens durch die weißen Truppen gegen die Einheiten der Räterepublik wurden im Jahr 1919 über tausend Revolutionär:innen, oder wer dafür gehalten wurde, niedergemetzelt.

Besetzte Häuser sind in München praktisch unbekannt. Nicht, dass es nie jemand versucht hätte, nur hatte F. J. Strauß einst den heiligen Schwur geleistet, dass in Bayern kein Haus länger als 24 Stunden besetzt bliebe, und es ist bis heute Ehrensache, auch für einen SPD-

Bürgermeister, zu zeigen, dass man Manns genug ist, sich nicht auf der Nase herumtanzen zu lassen.

Wohngemeinschaften bekannter Angehöriger der Spontiszene erfreuten sich in den 70er Jahren obligatorischer Telefonüberwachung und regelmäßiger Hausdurchsuchungen.

Authentischer als man von heute aus betrachtet meinen sollte, erzählen die Comics des beliebten Zeichners Seyfried von derartigen Begebenheiten. Manchmal quartierte sich der Verfassungsschutz der Einfachheit halber auch gleich in der gegenüberliegenden Wohnung ein.

Die Organisator:innen einer Informationsveranstaltung zur Situation der RAF-Gefangenen entgingen Ende der 80er Jahre wegen Unterstützung einer terroristischen Vereinigung nur um Haaresbreite längeren Haftstrafen.

Und weltweite Empörung gab es Mitte der 90er Jahre, als eine harmlose Schüler:innendemo gegen den G7-Gipfel und zufällig des Weges kommende Passant:innen mit chilenischer Härte zusammengeknüppelt wurden. Der lakonische Kommentar des Herrn Beckstein war, man solle es sich halt vorher überlegen, mit wem man sich einlässt, wenn man in Bayern demonstrieren will.

3. Mein Leben als Buchhalter: Der Liebe wegen sowieso dauernd in München heuerte ich 1998 bei den Technolabels Disko B und Gigolo als Teilzeitbuchhalter an. Es gibt bestimmt spannendere Sachen, als sich mit Verkaufszahlen und Vorschüssen irgendwelcher Künstler:innen rumzuschlagen, aber so bekam ich, auf dem zweiten Bildungsweg sozusagen, meine Lektion über das Inside von elektronischer Musik. Zumal ich mit Peter Wacha einen großartigen Einweiser hatte. Vielleicht in Ermangelung anderer dominanter Jugendkulturen, die es aus dem Weg zu räumen gegolten hätte, fand Techno im Verlauf der 90er Jahre in München einen idealen Unterschlupf. Durch den Club Ultraschall; DJs und Acts wie Hell, Richard Bartz, Acid Maria, Robert Görl und Chicks on Speed und die genannten

Labels, die ihrerseits diverse wichtige Interpret:innen aus der ganzen Welt veröffentlichen, wurde München ein Ort von internationaler Bedeutung.

Ich erinnere mich an ein Action-Painting-Happening von Jimi Tenor. Verstrahlte Wohlstandskids im Nebel auf der Tanzfläche. Wunderschöne Sonnenaufgänge im Kunstpark Ost, wenn man der Technohöhle entstiegen war. Wahnsinnig gute DJ-Sets von Shake Shakir, Pulsinger und Dopplereffekt, dem Afro-Amerikaner, dessen Bewunderung für alles Deutsche auch nicht vor Adolf Hitler Halt macht.

Überhaupt Political Essentials: Allzu langes Rumdebattieren stößt in München oftmals auf trotzigen Unwillen. Der Versuch, das nicht nur meiner Meinung nach offensichtlich sexistische Artwork mancher Disko B- und Tension-Platten zu diskutieren, scheiterte völlig.

Beispielhaft für die Münchner Art, eine Balance zwischen der allgemeinen Nachfrage nach Ekstase und dem Bedürfnis des Staates nach Kontrolle zu finden, ist der Kunstpark Ost. Auf einem früheren Industriegelände in der Nähe des Ostbahnhofs siedelte man seit Mitte der 90er Jahre Läden an, die einen repräsentativen Durchschnitt fast aller gängiger Nachtlebensegmente darstellen. Table Dance und Underground Techno. Grunge-Rock und Schickierestaurants. Easy Listening und Trance usw. Eigentlich ist es das Prinzip Oktoberfest. Nichts gegen eine zünftige Gaudi, aber eine Ordnung muss schon da sein. Ein privater Sicherheitsdienst und Zivilbullen kontrollieren das eingezäunte Gelände und meist haben die Clubs ihrerseits nochmal Türsteher:innen, die unter strenger Beobachtung stehen. In dieser Konstellation von Misstrauen kann es auch mal vorkommen, dass selbst in Läden wie dem Ultraschall Menschen ihrer ethnischen Erscheinung nach abgewiesen wurden.

Und sonst: Kunststudent:innenpartys wie aus einer vergangenen Zeit in den uralten Atelierbaracken der Akademie. Gepflegte Vollräusche in der Egon Bar. Versponnene Diskussionen mit dem visionären Maler Andreas Hofer. Ein Grand Prix Eurovision vor dem

Fernseher zusammen mit Robert Görl, der zu der Zeit ständig von einem verrückten Nazi bedroht wurde. Die brasilianische Fee, die Hell großspurig nach München eingeladen und dann im Büro ungalant abgestellt hatte. Die Wurstfabrik im Erdgeschoss unserer Wohnung im Schlachthofviertel, wo einem unentwegt blutverschmierte afrikanische oder bleiche blonde zombiehafte Azubis mit Rollwägen voller Schweinsköpfe über den Weg liefen.

München klingt wie Amon Düül II und F.S.K., nicht wie Ton Steine Scherben und Einstürzende Neubauten. Die Strategien, mit denen sich dissidente Subkulturen hier äußern, unterscheiden sich nicht nur wegen der Repression, sondern auch wegen der Gemütlichkeit, die niemals aufhört, von Städten wie Hamburg und Berlin. Denn diese Gemütlichkeit kann an einem heißen Sommersonntag im Englischen Garten einen verführerischen Reiz entfalten. Wo vom Monopteros her seit Menschengedenken die Bongotrommeln immer neuer Hippiegenerationen herunterschallen, auf den Wiesen Individualexzentriker:innen aller Art ihre Körper zur Schau stellen und am Chinesischen Turm die Blasmusiker:innen, die für freies Saufen spielen, immer röter werdend schiefer blasen. Dann sitzt man da und teilt den nachmittäglichen Schwips mit Schickies, Lederhosenträgern und Dreadlockträger:innen. – Dumpf und egalitär. Und harmlos selig wie in einer bescheuerten Paulaner-Werbung.

2004

Im Zentrum des rasenden Stillstands

Die US-Tour der Goldenen Zitronen Anfang 2002

> *Im Zentrum des rasenden Stillstands, im Zentrum des mit doppelter Schallgeschwindigkeit beschleunigten rasenden Stillstands. Immer auf dem Weg zur großen Party. Rauf und runter auf den Zufahrtsstraßen zwischen wie es nun mal ist und Verheißung nicht verschlafen. Vollgestopft mit Popcorn bis zum schwindlig werden und Bässen und Standards von erahnten Begierden. In ewiger Vorfreude, vorgemachter, mechanisch hysterisch oder müde bemüht. Auf die große Party selbsthypnotisch, die Suche nach der Party, die gerade nicht ist. Auf dem Platz der leeren Versprechungen. All along the Watchtower stellt sich heraus, dass sich nichts herausstellt.*
>
> Die Goldenen Zitronen:
> Auf dem Platz der leeren Versprechungen

Ein paar Sachen vorweg: Ich hasse das politische System der USA von ganzem Herzen. Es ist das System der angewandten Niedertracht und des Egoismus. Es entwürdigt Menschen, produziert Ausbeutung, Kriege und Naturzerstörung und vermag den meisten seiner Bürger:innen all das auch noch in scheinbar so verlockenden Verpackungen anzubieten, dass diese sich gar nicht erst die Frage stellen, ob es denn nicht auch anders sein könnte. Andererseits ist die Person, die mir am wichtigsten auf der Welt ist, US-Amerikanerin. Und Vieles, was aus diesem Land kommt, ist auch aus meinem Freiheitsbegriff nicht wegzudenken. Was das heißen soll? Nichts weiter als die Banalität, dass ein Unterschied besteht zwischen der politischen Struktur eines Landes und seiner Bevölkerung. Der von den Vertreter:innen der »Zivilisierten Welt« denunziatorisch verwendete Begriff des Antiamerikanismus verfolgt die durchsichtige Strategie, genau diesen Unterschied vergessen zu machen. Wer sich eine eigene Sicht der Dinge erlaubt und in George W. Bush den unterbelichteten, von niederen Instinkten geleiteten, machistischen Schwachkopf sieht, der er ist, wird von dieser Propaganda als rassistisch gegen die US-Bevölkerung gebrandmarkt.

San Francisco, 22.1.2002. Der erste Auftritt, ein typischer: ein bisschen schwunglos und uneingespielt. Die 500 harmlosen Jugendlichen in der Great American Music Hall reagieren trotzdem wohlwollend. Natürlich sind sie nicht gekommen, um sich von einer linksradikalen, sperrigen No-Rockband mit deutschen Texten zulärmen zu lassen, aber auf gewisse Weise scheinen wir durch unsere Andersartigkeit unterhaltsam zu sein. In erster Linie wollen die Leute einfach Spaß mit Wesley Willis, mit dem wir als Vorband auf Tour sind. Seine Rezeption hier unterscheidet sich von der im deutschsprachigen Raum, wo es dem Publikum schwerfiel, die Weirdness dieser 180-Kilo-Erscheinung einzuschätzen, und viele von den freakshowhaften Zügen seines Auftretens abgeschreckt und verunsichert waren. Hier scheint es zumindest so, als würde Wesley mit seiner 1½-Stunden-1-Song-Rock-Show ein uramerikanisches Bedürfnis nach unkomplizierter Gemeinschaftssause ansprechen. Begeistert melden sich Freiwillige, um Headbutts entgegenzunehmen, begeistert wird auch zum 120. Mal der Aufforderung nachgekommen, »Ra« und »Raoow« zu schreien. Zuweilen wird selbst den endlosen Instrumentalparts, in denen Wesleys Keyboard lahme Gitarrenrock-Preset-Arrangements vor sich hin dengelt, etwas Positives abgewonnen. Richtig erklären kann uns den Kultstatus von Wesley Willis eigentlich niemand. Paradox ist, dass er als Afroamerikaner ein fast ausschließlich weißes Publikum anzieht und auch in den finstersten Gegenden der USA niemals mit Rassist:innen Ärger bekommen hat. Vor Jahren soll er irgendwo in den Südstaaten sogar einmal die Herzen einer Horde hakenkreuztätowierter Skinheads gewonnen haben. Als er auf dieser Tour in Tempe/Arizona, die wilde, schwer zu kalkulierende Landeimeute als »Stupid Whities« beschimpft, brechen diese in begeistertes Gejohle aus. Überhaupt sind die eigentlichen Höhepunkte seiner Konzerte die unberechenbaren Ansagen. Seine John-Lee-Hooker-Stimme inklusive Chicago-Akzent, seine Eingebungen und überhaupt seine Aura sind quasi göttlich. Wesleys musikalische Vorliebe gilt ausschließlich weißer Rockmusik. Auf den endlosen Fahrten durch die Wüste werden wir mit allen hassenswerten Spielarten weißen Rocks gemartert: Pete Seeger, Iron Maiden, REM, Billy Joel, Rage Against The Machine. Der Versuch, zwischenzeitlich ein bisschen Motown oder Monks zu hören, stößt auf sein erklärtes Missbehagen. Mit irgendwie elektronischem Zeug kann man ihm schon gar nicht kommen.

Wir besteigen den Kleinjungentraum eines jeden Rockmusikers: den Nightliner. Er wird in den nächsten zwölf Tagen Tourbus, Backstage und Hotel sein. Unsere Vorfreude auf diese U-Bootexistenz hält sich in Grenzen, war doch die Ablehnung von Männergesellschaften für uns alle ein wichtiger Grund, den Kriegsdienst zu verweigern. Als Erstes stolpern wir über ein paar Biker Boots und eine leere Jack Daniels-Flasche. Dann machen wir Bekanntschaft mit der Vor-Vorgruppe Grand Buffet (die Vorgruppe sind ja wir). Lord Grunge, der Gesprächigere dieses Hip Hop-Duos im Stile der frühen Beastie Boys (schmeichelhaft ausgedrückt), ist eine typische White-Middleclass-Type der sympathischen Sorte. Er empfindet Scham über die US-amerikanische Großkotzigkeit und den Rassismus, ist warmherzig, humorvoll und kollegial – und, wie fast alle Gesprächspartner:innen, die uns begegnen, absolut kompetent in Sachen Popmusik, Comic, Fantasy-, Trash- und Mainstreamfilmen sowie Fernsehserien und Geschmacksrichtungen verschiedener Limonaden. Während der Fahrt schälen sich aus den Kojen vier zerknautschte Figuren, die in ihrer Summe einen guten Querschnitt des Berufsbildes Rockmusiker abgeben. Inklusive der obligatorischen Accessoires:

Lederhose, Marshall-Turm, Tätowierungen und den bereits erwähnten Biker Boots. Es sind die Typen der Vorvorvorband Custom On It, die zu Tal (Wesleys Caretaker / Tourbegleiter / Busfahrer u. Mixer) in einem nie ganz geklärten Abhängigkeitsverhältnis zu stehen scheinen. Entgegen der alles durchdringenden Logik der Ökonomie ist es in den USA noch immer üblich, dem Publikum vier oder mehr Bands pro Abend vorzusetzen. Abend für Abend wuchten überall im Land junge Menschen, oftmals ohne jede Bezahlung, mühsam ihre Backlines rauf und runter, um eine halbe Stunde um ihr Leben zu spielen. Unbestreitbar ist man in Europa mit der Entdeckung des DJs, der ja eigentlich in den USA erfunden wurde, einige Rationalisierungsstufen weiter.

Bakersfield, 23.1. Die fünftgrößte Stadt Kaliforniens. Mit ihrem unaufdringlichen Charme kann sie locker mit Pinneberg oder Eisenhüttenstadt mithalten. Unser Booker sagte noch: »If you make it there, you make it anywhere.« Der Laden heißt Sonstwies Pizza Place und fällt in die Kategorie »kulturelle Notversorgung«. Es ist einer dieser Orte, an denen unermüdliche Idealist:innen in der Einöde versuchen, ein Konzert auf die Beine zu stellen, und dafür auf Lokalitäten wie Billardläden, Cafés oder eben ein Pizzaschnellrestaurant zurückgreifen müssen. Anders als in Mitteleuropa haftet weder diesen improvisierten Auftrittsorten noch den professionellen Clubs in den größeren Städten ein irgendwie geartetes Flair von Gegenkultur an. Selbsterkämpfte autonome Räume und auch städtisch subventionierte sind in den USA unbekannt. Alles ist erlaubt, nur nicht die Allmacht des Privateigentums und das staatliche Gewaltmonopol in Frage zu stellen, – und sei es nur in der symbolischen Form eines besetzten Hauses. Seit der Industrialisierung wurden alle Bewegungen, die für eine politische Alternative zur Diktatur des Marktes kämpften, brutal vernichtet und die Erinnerung an sie ausgelöscht oder verfälscht: Anarchist:innen, Sozialist:innen, Kommunist:innen und Black Panthers, die zu ihrer jeweiligen Zeit Massen mobilisieren konnten, tauchen im Geschichtsbild der meisten Amerikaner:innen, wenn überhaupt, als absolute Bad Guys auf. Diese permanente Demoralisierung bewirkt genau das, was sie soll: Sie wirft die Leute auf ihr individuelles Unbehagen zurück und lässt jede auch nur reformistische Vorstellung von Veränderung unvorstellbar erscheinen. Die Unfähigkeit, dem politischen System nach dem Debakel der letzten Präsidentschaftswahl eine annähernd zeitgemäße, pluralistische Form zu geben, sei nur als jüngeres Beispiel genannt. Freiheit bleibt nach wie vor und für immer und ewig die freie Wahl zwischen Pepsi und Coke oder Mac und PC oder Bush und Gore. Überall treffen wir Leute, die auf ihre isolierte, individuelle Art oppositionell sind zu dem Patriotismus, den CNN der Welt verkaufen will. Leute, die ebenso fassungslos sind über die Dummheiten ihrer Regierung wie bei uns. In deren persönlicher Vorstellungswelt es aber keine Möglichkeit und keine Erfahrung der politischen Intervention gibt.

Also: Bakersfield. Das Konzert hat die wohlbekannte, verwirrte Atmosphäre, wie sie uns von den deutschen Landjugendhäusern noch in lebhafter Erinnerung ist. Es scheint eine All-Ages-Show zu sein, jedenfalls ist das Publikum von einer bemerkenswerten Frische. Eine alte Geschichte, aber in eigener Wahrnehmung doch befremdlich: Ganz unnatürlicherweise werden in den USA erwachsene Menschen aufs Absurdeste bevormundet und wie Kinder gehalten, solange sie keine 21 sind. Sie dürfen sich nicht in Lokalitäten aufhalten, in denen harter Alkohol verkauft wird. Und sie haben ab einer bestimmten Uhrzeit Ausgangssperre. Und rauchen dürfen sie sowieso nicht – wie übrigens niemand in den Clubs und Restaurants Kaliforniens. Zu unserem Erstaunen gibt es in Bakersfield eine ganze Reihe von jungen Leuten in selbstgebastelten, sehr authentischen 77er Outfits: Bondagehosen, Sicherheitsnadeln in Wange und Ohr, Stachelhaare, Catwoman-Make-up. Ein Punk mit Trappermütze hat circa 200 selbstgemachte Badges an seinem Körper hängen. Weiß der Teufel, auf welchen verschlungenen Pfaden diese Stylinganregungen ihren Weg hierher gefunden haben. Beeindruckend ist auch die lokale Vor-

vorvorvorband The Kill, eine sagenhaft rohe, jugendlich-dilettantische Krachband. Konsequent wie die Pop Group oder The Fall.

Las Vegas, 24.1. Wir durchfahren das Zentrum mit den großen Hotels und den beknackten Nachbauten von Motiven aus der echten Welt, um dann auf einem wahnsinnig tristen Parkplatz mitten in der Vorstadt anzuhalten. Der Raum erinnert an das katholische Gemeindezentrum meiner Jugend, in dem wir im Neonlicht erste Engtänze versuchten. Hier gibt es nicht mal Softdrinks. Und wieder sind da ein paar junge Menschen in historischen Punk-Outfits. Und wieder diese Frische. Später schlendere ich an New York und der Sahara vorbei nach Paris, wo ich mich am Fuße des Eiffelturms an die Bar setze. Nur ein paar einsame alte Damen und eine Gruppe betrunkener Geschäftsleute verlieren sich im riesigen Dschungel von Slotmaschinen, auf dem ultimativen Platz der leeren Versprechungen. Produktive und unproduktive Missverständnisse. Im Verlauf der nächsten Tage perfektioniert sich unser Umgang mit dem Publikum. Es stellt sich heraus, dass ein bisschen zur Schau gestellte europäische Arroganz gar nicht schadet. Wir starten mit der Frage »Do you believe in Rock 'n' Roll?«, um dann, meist nach euphorischer Bejahung, mit einem »We don't« zu antworten und loszuspielen. Goutiert werden auch in pastoralem Tonfall vorgetragene Tiraden gegen den Kapitalismus, – vielleicht weil es unanständig ist; manchmal jedenfalls meine ich, das in den Gesichtern zu lesen. Und auch Scherze über die hinterwäldlerische Ignoranz der Amerikaner:innen bezüglich elektronischer Musik kommen gut an. Wir stoßen überhaupt auf eine erstaunliche Resonanz. Häufiger als in Deutschland kommen Leute nach dem Konzert an und wollen sich unterhalten oder einfach nur bedanken. Es ist ein gutes Gefühl, auf so unmittelbare Art Sinn zu machen, mal ganz ohne den Ballast eines vorvermittelten Images. Was uns enorm zugutekommt, ist die erwähnte Kompetenz in Sachen Popcodes, die überall anzutreffen ist. Anders als zum Beispiel bei Konzerten in Osteuropa, wo die Leute unsere Musik manchmal für schlecht gespielten Rock in schlechtem Sound hielten, verstehen sie hier durchaus die Absicht und die Wurzeln des Ganzen. Die Referenzen, die genannt werden, sind nicht so verkehrt: Wire, Clash, Devo, Gang of Four – und dennoch ist da ein grundliegender Unterschied im Verständnis. Unsere europäische 80er-Jahre-Subkultursozialisation basiert auf der rigorosen Ideologie der Abgrenzung, die sich in England, in einer Art Nachempfindung des Klassensystems seit den 60er-Jahren entwickelt hat. Punk sein und zum Beispiel BAP hören, schloss sich wie selbstverständlich aus. In den USA blieb die kulturrevolutionäre Attitude von Punk weitgehend unverstanden. Der mitgedachte Frontalangriff auf Rock blieb unsichtbar, Punk wurde lediglich als dreckigere Variante von Rock gelesen. Und so lässt sich mit den Leuten genauso munter über die Vipers plaudern wie über das dritte Album von Springsteen oder das Spätwerk von Pink Floyd. »Punk Wave, New Wave, Anywave ... It's still Rock 'n' Roll to me«, wie es bei Billy Joel eingemeindend hieß. Das Einzige, was sich nicht als Rock 'n' Roll schönreden lässt, ist Techno. Mir scheint es, als läge es auch daran, dass bei dessen Herstellung keine ehrliche physische Arbeit verrichtet wird. Ein Makel, der dem tief verwurzelten, protestantischen Pioniergeist zutiefst zuwider ist.

Los Angeles, 25.1. Wir spielen in der Hollywood-Filiale der Knitting Factory am Hollywood Boulevard. Einer öden Durchgangsstraße mit Souvenirläden und den wahnsinnig legendären Sternen. Die Suche nach der Party, die gerade nicht ist. Nirgendwo ist die kollektive Selbstsuggestion, im offensichtlich Abwesenden etwas Großes sehen zu wollen, eindrücklicher. Aber das soll ja gerade die Fähigkeit sein, die dieses Land groß und stark gemacht hat. Der Laden hat überhaupt nichts mit der Freiheit zu tun, die einem die wundervollen Liveaufnahmen aus der Knitting Factory New York vermitteln. Er ist wie eine Starbucks-Filiale als Musikclub. Steril und teuer und »mit Stil«. Das Publikum erscheint, wie schon in San Francisco, weniger offen und aufgeweckt als in den Provinzstädten und Käffern.

Und es wirft Fragen auf. Wer zum Teufel zwingt die jungen Männer dieses Landes, die meist die Statur von Bodybuildern oder Fettsäcken haben, eigentlich in ihre Sweatshirt- / Jeansuniformen? Eleganz und Charme sind definitiv keine Erfindung des Wilden Westens. Meist sind wir die einzigen Hemdenträger und damit schon fast overdressed. Für die Jungs von Custom On It ist es ein besonderer Tag. Als leibhaftige Spinal Tap-Darsteller erhoffen sie sich natürlich, in L. A. zu einem Plattenvertrag zu kommen. Sie rocken heute besonders kompromisslos ihren Kompromissrock, gehen schwer trinken und machen sich am nächsten Tag verknittert auf die Heimreise nach Chicago.

Wir fahren weiter nach San Pedro, 26.1. Der Hafen sieht aus wie in Hamburg. Ein sympathisches Viertel und ein netter Wohnzimmergig in einem hippiesken Café, das allen Arten von Dropouts als Abhänge dient: schulschwänzenden Teenagern, Sozialhilfe-Empfänger:innen und Arbeiter:innen jeden Alters und jeder Ethnie sowie studentischem Volk. Es weht ein Wind von Humanismus. Wir brettern los zwischen Sofas und Tischen. In der ersten Reihe eine 70-jährige Rollstuhlfahrerin im rosaroten Strampelanzug, daneben eine Girl Gang aus wilden 17-Jährigen, die mit ihrem Leben noch was vorhaben. Und auch wieder ein paar 77er-Style-Punks, die sich später als Anarchist:innen outen. Anschließend werden wir zu einer improvisierten Party in einem typischen Suburbhaus eingeladen, wo wir auf der Veranda bis zum Morgengrauen mit der hiesigen In-Crowd herumpalavern. Die Toleranz der Nachbar:innen speist sich, wie der Hausherr sagt, aus der Erleichterung darüber, dass sie im Gegensatz zu den Vormieter:innen wenigstens keine Waffen besitzen.

San Diego, 27.1. Home of Iron Butterfly, Frank Zappa und Tom Waits. Ein Live Club wie das Underground in Köln oder das Molotow in Hamburg. Und ein sehr verständiges Publikum. Lustige Members einer Girl-Band und ein netter Typ vom hiesigen Collegeradio, der unsere Platten kennt.

Tempe, 28.1. Eine weitere Nacht auf einem Truckstop. Ein weiteres Frühstück mit der Auswahl zwischen Fleischburger oder Steakomelette. Und eine weitere 7-Stunden-Fahrt auf schnurgeraden Autobahnen, vorbei an Kakteen und riesigen Mengen von Steakbergen, die noch lebendig und unverarbeitet in der Landschaft rumstehen. Als wir in Tempe/Arizona ankommen, rockt bereits die lokale Vorband. Irgendwas ist hier anders: wilder. Schon bevor wir auf die Bühne kommen, ist der Saal am Brodeln. Die jungen Südstaatler:innen wollen Wesley Willis und keine Krauts. Wir werden beworfen und bepöbelt, merken aber schnell, dass diese Grünschnäbel uns nichts anhaben können. Europäische Arroganz durchziehen! Im Verlauf des Konzerts spaltet sich das Publikum in zwei gleich große Lager. Mehrere Dutzend Fuckfinger gegen mehrere Dutzend nach oben gerichtete Daumen. Hinterher gibt es eine Menge Schultergeklopfe. Die Leute hier sind unkompliziert.

Tucon, 29.1. Hier herrscht wieder die gepflegte Atmosphäre, wie man sie aus Clubs mit einem erwachsenen Indiepublikum kennt. Martin Wenk von Calexico kommt zu mir und bedankt sich für das schöne Konzert. Dann ist es schon wieder 1.00 Uhr und in übertriebener Eile wird der Saal geleert.

El Paso, 30.1. Das letzte Konzert der Tour. Wir durchqueren das wunderbare Lichtermeer des Talkessels, in dessen Mitte der Tortilla Curtain verläuft, um dann am anderen Ende wieder schnurstracks aus der Stadt herauszufahren und an einem abgelegenen Billardcafé anzuhalten. Während des Soundchecks läuft im Fernseher über der Bar der Playboy-Channel. Wir fürchten das Schlimmste und werden aufs Angenehmste überrascht. Die 50 Leute, die sich herbemüht haben, sind ganz reizend. Eine kleine Gruppe, die eine Weile in Berlin gewohnt hat, ist extra wegen uns aus dem 800 km entfernten St. Antonio angereist. Sie tragen rote Overalls, tanzen exaltiert Devo-mäßig und schwenken plötzlich ein Plakat mit der Aufschrift »Mann, Frau,

Kind«. Ansonsten sind da noch ein ungeheuer mondän wirkender junger Schwarzer in Hot Pants, schwarzem Hemd und Krawatte und andere modisch europhile Menschen. Ein letztes Mal wird die Krachmaschine angeworfen. Danach ergeben sich verschiedene Bekanntschaften und Verabredungen. Nachdem unser Tagwerk getan ist, verlassen wir bei einem Motel die U-Bootwelt in der Vorfreude, ein wenig Individualität zurückzuerlangen. Rührende Verabschiedungsszenen mit Wesley, Tal und den anderen folgen. Und endlich gibt es da mal ein Bett, das ein wirkliches Bett ist.

Am nächsten Tag machen wir uns mit einem Typ namens Ed und seinen Freund:innen, einem Death Metal-Pärchen (beide Latin Americans der zweiten Generation) auf nach Mexiko. Ed ist eine der Bekanntschaften des vorherigen Abends und in vielerlei Hinsicht typisch für einige aus europäischer Sicht unverständliche Widersprüchlichkeiten. Er ist Trucker und Vegetarier, war früher Hardcore-Punk und trotzdem bei der Navy. Und dennoch sieht er das Pentagon als genau das richtige Ziel der Anschläge vom 11. September. Da weiß einer, wie viele Kriege dort geplant wurden. Die Grenze lässt einen fast nostalgisch an die DDR denken. Entlang des Rio Grande, der hier nur noch die traurige Gestalt eines vertrockneten, betonierten Bewässerungskanals hat, staffeln sich mehrere Reihen von Zäunen und Bewachungstürmen. Die einzigen Verbindungswege zwischen sogenannter Erster und Dritter Welt führen über riesige, schwervergitterte Brücken, die sich hoch über das flache Land erheben. Das Erste, was einem beim Gang über die Brücke ins Auge fällt, ist ein gigantisches Wandbild von Che Guevara, versehen mit Anti-Gringo-Parolen. Ich frage Ed, was sich wohl US-Amerikaner:innen bei diesem Anblick denken. Er meint, sie würden sich bestenfalls fragen, ob das nicht der Typ vom Rage Against The Machine-T-Shirt ist. Drüben ist wirklich alles anders. Es gibt Armut von Gebrüder Grimm'schem Ausmaß. Krüppel, Glücksritter und Leute, die einem auf Schritt und Tritt irgendwelchen Plunder andrehen wollen. Die

Straßen sind überfüllt mit Menschen. Die Devotheit, mit der wir behandelt werden, beschämt. Aber selbst diese deprimierende Variante von Urbanität will mir menschlicher vorkommen als die Suburbwüsten der USA, die Produktionsstätten normierter Vereinzelung. Hier fühlt sich die Stadt wenigstens wie eine Stadt an – nicht wie eine Ausfallstraße. Eine Stadt mit gewachsener Struktur. Mit Cafés und Imbissen, die vielleicht der Mafia, aber sicher keinem Konzern gehören. Eine Stadt, deren öffentlicher Raum mit Leben gefüllt ist. Ein Zentrum hat, Kirchplätze und Märkte und Busse, die von Menschen benutzt werden. Von Menschen, deren größter Traum es ironischerweise ist, auf der anderen Seite ein quadratisches Grundstück mit einem normierten Holzhaus und einer rechteckigen Garage in einer quadratisch angelegten Straße zu besitzen. Um sich dann am Lebensabend, nach Jahrzehnten, in denen sie sich die Finger bis auf die Knochen runtergearbeitet haben, wehmütig an das frühere Leben und die verlorene Familie zu erinnern.

Es bleibt spannend, wie die USA in fünfzehn Jahren aussehen wird, wenn die Latin Americans die größte ethnische Gruppe der USA sein werden, und welche Rolle der heilige Che Guevara dabei spielen wird. In kulinarischer Hinsicht sind sie jetzt schon Träger:innen einer überlegenen Zivilisation. Es kann nur besser werden.

März 2002

You won't fool the children of the revolution

Die unterschätzte Bedeutung der Glamrock-Band Sweet

Als Rockmusik Anfang der 70er Jahre erwachsen und kompliziert wurde, brauchte es einen neuen Sound, der das Lebensgefühl der, sagen wir mal, 8–15-Jährigen repräsentierte. Teenager und Vorpubertierende brauchen keine ambitionierten Rock-Opern, sondern Role Models und direkte Impulse, die ihnen eine Vorstellung und ein Versprechen von einem glamouröseren, aufregenderen Leben geben.

Für uns, die wir in der ersten Hälfte der 60er Jahre geboren sind, war Glam Rock das Transportmittel dieser wagen Verheißungen.

Erinnerung 1: Block Buster. Das Kinderzimmer in der engen Neue Heimat-Wohnung meines prolligen Lieblingscousins im Südbadischen im Jahr 1973. Er, 12-jährig, frühreif, mit schwarzen Plateauschuhen, stets eine runde Haarbürste in die Brusttasche seiner Jeansjacke gezwängt, auf seinem Klappbett sitzend, zu mir, 8-Jährigem: »Hör dir das mal an!« – Ratsch – Aus dem kleinen Privileg-Kassettenrekorder schrillt eine Sirene. Ein für mein kindliches Verständnis derbes Gitarrenriff setzt ein. Ein hysterischer Gesang, der die Sirene nachahmt. – Ich weiß bis heute nicht, wovon der Song Block Buster (nicht Blockbuster) genau handelt, aber – retrospektive Beobachtung 1: Wie bei vielen Stücken des Songwriterteams Chinn & Chapman reichte eine zusammengesetzte, poppige – oft auch gefährlich klingende – Wortkreation als Titel, um unsere Phantasie anzuheizen. »The Ballroom Blitz«, »Hellraiser« oder auch Suzi Quatros »48 Crash«, »Devil Gate Drive« und – Erinnerung 2: »Teenage Rampage«. Ein Nachmittag im Sommer 1976. Die Bude meines Kumpels Woffo. Er war der einzige, der die Ausdauer gehabt hatte, den Bravo-Starschnitt von Sweet zusammenzusammeln. Wir sitzen auf dem Fußboden und betrachten fasziniert das Single Cover. Immer und immer wieder legen wir den Song auf und hüpfen mit Federballschlägern posend im Zimmer herum. Die Band ist auf dem Cover in den typischen Outfits ihrer Glamrock-Phase gekleidet: enge Leder- oder Glitzeroveralls, Plateauschuhe, Accessoires wie angehängte Metallketten. Große Totenköpfe, Tigermotive. Man sieht sie in einem Fotostudio in einer Reihe, mit eingehakten Armen wie bei einer Demo auf die Kamera zulaufen. Lachend. Zwei von ihnen haben bedruckte Schilder mit dem Songtitel. Mick Tucker, der Schlagzeuger, macht eine Art Hitlergruß. Wow. Retrospektive Beobachtung 2: Wie ich jetzt erst feststelle, steht gar kein Bandname auf der Hülle, die auf beiden Seiten dasselbe Foto zeigt. »Get yourself a constitution. Come join the revolution now. And recognize your age it's a teenage rampage.« Was bei Block Buster die Sirene, ist hier der »We want Sweet«-Sprechchor einer aufgeheizten Crowd, der in den Song reingemixt ist und mit dem das Stück auch beginnt. Dann ein typischer Hard Rock-Break, 8 Takte lang. Genau in der Dosis, die es braucht, um ein rebellisches Rock-Feeling anzutriggern, ohne dass der Song ins ernste Genre des Erwachsenen Rocks kippt, wo sich Gitarristen, Schlagzeuger und Sänger dauernd ihre ausschweifende männliche Virtuosität beweisen müssen. Hier geht es darum, auf 3.30 Minuten die Hysterie am Laufen zu halten. »Imagine the sensation of teenage occupation. At thirteen they'll be learning. But at fourteen they'll be burnin'. But there's something in the air of which we all will be aware.« Eine Hymne, die behauptet, dass Teenagersein so etwas wäre wie die Zugehörigkeit zu einer Klasse. – Wobei, 1976 im Schwäbischen war unser Verständnis des Textes eher rudimentär. Es war vor allem der Sound und die Haltung, die zu uns sprachen. Diese hohen, überdreht künstlichen Stimmen. Die Hysterie eben.

Merkwürdig ist aber auch, wer da zu wem spricht. Das kommerziell erfolgreichste Produzententeam der 70er Jahre flüstert der Band, deren Mitglieder alle Ende 20 sind, einen Text ein, der deren 15 Jahre jüngere Fans zu einer irgendwie gearteten Revolution aufruft. Gewöhnlicherweise sind ja in so einem Fall Band und Publikum in Alter und Milieu identisch.

Genau das war dann auch das Credibility-Problem bei Sweet: Niemand nimmt eine Band ernst, die mit einem leicht durchschaubaren Marketingkonzept Teenieemotionen antriggert. Auch weil sowieso niemand ernst nimmt, was eine 8-Jährige oder ein 12-Jähriger bei einer bestimmten Musik empfindet. So war es das Schicksal von Sweet, dass sie trotz über 50 Millionen verkaufter Platten in der Geschichtsschreibung praktisch verloren gegangen sind. Oder am Rande als lächerliches Beispiel für eine Mode und eine jugendliche Geschmacksverirrung stehen. Dass Styles und Songs schlauer sein können als ihre Interpret:innen, ist eine Binsenweisheit des Pop. So wurde die »Teenage Rampage«-Prophezeiung, die ja eigentlich gar nicht ernst gemeint war, zu einer Self-Fulfilling Prophecy wider Willen. Denn es waren die mit Glamrock sozialisierten Kids, die die Punk-Revolte Ende der 70er Jahre starteten. Glam-Protagonist:innen wie T. Rex, David Bowie, Sweet oder Suzi Quatro hatten einen großen Teil des Zeichensystems für Punk geliefert. Man musste nur noch zugreifen und so tun, als hätte man den ganzen Scheiß selbst erfunden.

Kurze, schnelle, einfach strukturierte Songs. Zur Schau gestellte Künstlichkeit. Spiel mit Geschlechterrollen. Ironisiertes Selbstbild. Aneignung und Entkontextualisierung von tabuisierten Zeichen. Voilà, das war doch schon mal eine gute Basis, die Selbstgewissheiten der Erwachsenen durcheinanderschütteln. Da brauchte es nur noch andere Klamotten und andere Frisuren. Einen neuen Sound und geheime Tänze. Und die Selbstermächtigung, für sich zu sprechen.

Retrospektive Beobachtung 3: Dass das Hakenkreuz als ultimatives Tabusymbol lange vor Sid Vicious bei The Sweet schon im Einsatz war, blieb uns damals in Deutschland natürlich verborgen. Es gibt einen Top of the Pop-Auftritt von 1973, wo Steve Priest eine Pickelhaube, ein Kajal-Hitlerbärtchen und eine Hakenkreuzbinde mit silberner Glitzerhose, hyperfemininem Make-up und schwulesken Posen verbindet. Wahnsinn.

September 2014

Nicht in diesem Memorandumton

Der Widerstand gegen das zweite große Sparpaket
im Februar 2012 in Athen

Verfasst zusammen mit Christoph Twickel

Das Schwabinggrad Ballett, ein performativ-interventionistisches Einsatzkommando aus Hamburg, hat zehn Tage lang die Krisenproteste in der griechischen Hauptstadt begleitet, recherchiert und agiert.

Erste Eindrücke auf der Fahrt vom Flughafen zur Athener Innenstadt: Riesige leere Billboards, als hätte es dem Kapitalismus die Sprache verschlagen. Auf der kurzen Taxifahrt vom Syntagma-Platz zum Stadtteil Exarchia kommt der Taxifahrer schnell zur Sache: Tiraden gegen die faulen Staatsangestellten, die großen Parteien PASOK und ND und die deutschen und französischen Blutsauger. Einwände und Nachfragen unerwünscht.

Was er auch sagt, ist, dass die Offenlegung der Schweizer Konten, auf denen Milliarden der griechischen Bourgeoisie lagern, nicht von Schweizer Seite blockiert wird, sondern von der politischen Klasse des Landes, die selber viel zu verstrickt ist. Am Ende knöpft er uns den doppelten Fahrpreis ab. Letzteres bleibt ein Einzelfall. Einmal besteht der Taxifahrer sogar darauf, uns eine Quittung zu geben: »Da, damit der Dicke sein Geld kriegt«, gemeint ist Finanzminister Venizelos.

In der Woche vor der Abstimmung über das Memorandum 2 folgt eine Demo der anderen. Strikt getrennt marschieren meist Mitglieder der kommunistischen oder Basis-Gewerkschaften. In grimmiger Routine rufen sie die einstudierten Parolen. Die Musik, abgespielt über große Trichterlautsprecher, beschränkt sich auf griechische Partisan:innen- und Protestlieder aus der Kriegszeit bis zu den 70ern. Soundsystems mit aktueller Musik gibt es nicht. Wir merken immer wieder: Die Protest-Codes kennen hier kein Spiel mit den Formen. Alle politischen Akteur:innen haben das Selbstverständnis, in ihrem Auftreten authentisch zu sein.

Ausgeprägt ist die Kultur der obszönen Beschimpfung. Als sich am Rande der großen Demo am Sonntag – dem Tag der Parlamentsentscheidung über das Sparpaket – eine Menschenmenge vor dem Haus des ehemaligen Ministerpräsidenten Simitis bildet, skandieren sie zum Beispiel: »Simitis, der, der ihn hinten rein bekommt, Hurensohn!«

Eine Spielart explizit linker Beschimpfung der Bullen: »Ihr seid nicht die Söhne von Arbeitern, sondern die Hunde der Ausbeuter!« Oft treten auch einzelne Leute hervor und beschimpfen Polizist:innen und Politiker:innen individuell.

Es fällt nicht schwer, mit Leuten ins Gespräch zu kommen. Alle lehnen das Memorandum ab und hassen die eigene und die deutsche Regierung. Nuancen gibt es bestenfalls im Grad der Obszönität in der Wortwahl. »Who is the sexiest lady in the world? Angela Merkel, everybody wants to fuck her.« Der biedere Apotheker, bei dem wir uns mit Maalox eindecken, dem säurebindenden Wirkstoff gegen Tränengas, fragt freundlich-sarkastisch: »Wieso habt ihr der Merkel nicht gesagt, sie soll uns in Ruhe lassen?« Beim Kauf der Gasmasken gibt es eine Fachberatung. Der ältere Herr meint, die Masken für acht Euro reichten für sechs Demos – und wir bekommen Discount. Die Gasmasken sind Teil der Normalität im Ausnahmezustand. Auf der großen Demo stellen sich alle Mitglieder der griechischen Gesellschaft mit Gasmasken in den Tränengasnebel und rufen Sprüche wie: »Ihr verkauft, ihr verkauft, ihr werdet im Knast landen!« Oder »Bullen, Schweine, Mörder!« Frauen in Pelzmänteln genauso wie zottelige Anarchos.

Am Samstagvormittag sehen wir, wie sich in einer Seitenstraße

Polizist:innen der verhassten Motorradeinheit Zeus mit einem Trupp anarchomäßig gekleideter Typen freundschaftlich abklatschen.

Niemand von denen, die wir treffen, zweifelt daran, dass ein großer Teil der zu erwartenden Randale auf das Konto von Agents Provocateurs gehen wird. Diese erstmal verschwörungstheoretisch anmutende Annahme wird mittlerweile auch in Blogs der konservativen Nea Dimokratia diskutiert. Auf Youtube kursieren Videos dieser »parastaatlichen Kräfte«, wie man sie hier seit Längerem nennt.

Die Leute von Real Democracy, die letzten Sommer die Besetzung des Syntagma-Platzes organisierten und den Protest von politischen Organisationen freihielten, erzählen uns von den Umständen, unter denen das erste Memorandum zustande kam. Das Papier – über zweitausend Seiten lang – sei den Politiker:innen erst am Abend vor der Abstimmung vorgelegt worden, so dass anschließend mehrere Abgeordnete vor laufenden Kameras zugaben, sie wüssten nicht, wofür sie da gestimmt haben.

Abends, als wir nochmal eine Runde um die Innenstadt machen, sind die Straßen gespenstisch leer. Die jungen Polizisten:innen vor dem Parlament, die den ganzen Tag über beschimpft und beleidigt wurden, stehen leger auf ihre Schilder gestützt. Wir fragen sie, wie sich das anfühlt und was sie bei der Großdemonstration am Sonntag erwarten. Im Sommer 2011 sei es schlimmer gewesen, antworten sie. Die Einschnitte – in ihrem Fall weitere 15 Prozent Lohnkürzungen – seien doch notwendig, um die griechische Wirtschaft wieder konkurrenzfähig zu machen. Weil wir Deutschen das schon hinter uns haben, ginge es uns jetzt doch so gut, oder? Anscheinend gibt es auf den Polizeischulen ideologisches Training.

Sonntag, der 12. Februar, Tag der Abstimmung über das Memorandum. Kurz nach 17.30 Uhr beginnt die Polizei ohne erkennbaren Anlass mit der ersten Tränengas-Attacke. Mit einiger Gelassenheit weicht ein Teil der Menge auf die untere Ebene des Syntagma-Platzes aus. Oben, vor dem Parlament, wollte der 86-jährige Mikis Theodorakis, der sich an dem Protestaufruf beteiligt hatte, gerade zu der versammelten Menge sprechen. Man gibt ihm eine Gasmaske und evakuiert ihn. Später sehen wir sein Auto im Schritttempo an uns vorbeifahren. Ein Megaphon quakt: »Geht nicht weg, bleibt hier! Mikis Theodorakis grüßt euch!«

Und so geht es die nächsten zehn Stunden weiter. Tränengasattacken, Hin-und-Her-Wogen riesiger Menschenmengen. Wechselnde Kampfschauplätze im und um das Stadtzentrum. Brennende Barrikaden, debattierende Menschen aller politischen Ausrichtungen. Schmährufe, Sprechchöre. Dazwischen wir, das Schwabinggrad Ballett. Wir paradieren als Politsekte mit dröhnenden elektronischen Sitars, »Fuck«-Fahne und rosa-orangen Gewändern, auf denen Sprüche stehen: »Destroika«, »Chicago Boys, Rot in Hell!« oder »Hands Off the People's Property!«

Mehr als einmal werden wir misstrauisch gefragt, was es mit dieser Sitarmusik auf sich hat. Musik und Straßenkampf gehören hier einfach nicht zusammen. Je mehr wir vom Kampfgeschehen gezeichnet sind, umso mehr Sympathie schlägt uns entgegen. Offensichtlich sind wir die einzigen Teilnehmer:innen dieser Demonstration, die sich als Nicht-Griechen zu erkennen geben. Man fragt uns immer wieder, was wir ausgerechnet als Deutsche auf dieser Demo machen. Neben vereinzelten Anfeindungen bedanken sich unzählige Leute für die solidarische Geste. Gegen 2 Uhr morgens laufen wir durch eine Trümmerlandschaft zum Hotel. 45 brennende Gebäude wird die Polizei vermelden. Am nächsten Tag glänzen die Glasfassaden der großen Hotels wieder, als sei ein böser Spuk vorbei. Die Leute sagen: Jetzt fängt der Spuk erst richtig an!

Die 43 Politiker:innen der Regierungsparteien, die bei dem Referendum mit Nein gestimmt haben, werden aus ihren Parteien ausgeschlossen. Die Polizei gibt die Zahl der Demonstrant:innen mit 80.000 an – absurd untertrieben. Andere sprechen von einer Million Menschen – es sei die größte Demonstration seit der Ablösung der

Junta gewesen. Anscheinend haben die griechischen Fernsehsender keine Bilder des vollbesetzten Syntagma-Platzes und der verstopften umliegenden Straßen gezeigt. Tatsächlich bleibt die mediale Gleichschaltung Griechenlands in der hiesigen Öffentlichkeit weitgehend unerwähnt. Wir besuchen das Verlagshaus der linksliberalen Zeitung Eleftherotypia, die Anfang des Jahres ihr Erscheinen einstellte. Babis Agrolabos, Politikredakteur und einer von 800 Angestellten, die seit Monaten auf ihre Löhne warten, sagt, dass kritische, unabhängige Positionen aus den Massenmedien verschwinden. Das Verlagsgebäude ist verwaist, Heizung, Telefon und Internet sind abgestellt, doch ein Teil der Redaktion harrt aus: Sie kämpfen dafür, die Zeitung kollektiv und in Eigenregie herausbringen zu können. Eleftherotypia, die es seit 1975 gibt, ist die einzige unabhängige Tageszeitung des Landes. Unabhängig bedeutet in Griechenland, dass das Medium nicht einem großen Unternehmer gehört. Schon vor der Krise dienten die TV-Sender und Zeitungen ihren Eigentümer:innen dazu, auf die Politik in ihrem Sinne Einfluss zu nehmen. Heute hat diese Verfilzung zur Folge, dass Alternativen zum Spardiktat massenmedial gar nicht erst erörtert werden. Obwohl sie populärer sind! Für diese Art von Zensur braucht es kein Propagandaministerium, es reicht die Angst der griechischen Oligarchie vor der Staatspleite.

Eine Situation, die den Erfolg des Dokumentarfilms »Debtocracy« erklärt, den schon rund zwei Millionen Menschen im Internet gesehen haben. Aris Chatzistefanou, der ihn mit Katerina Kitidi gemacht hat, erzählt uns in einem Café die Geschichte des Films: Er hatte vor zwei Jahren eine Radiosendung über den Ausstieg Ecuadors aus dem IWF-Schuldendienst produziert. Diese Sendung wurde unglaublich populär – bis dato hatte niemand ein gangbares Gegenkonzept zum Spardiktat erörtert. So entstand die Idee, eine spendenfinanzierte Doku zum Thema zu machen. »Die Leute haben gar nicht aufgehört zu spenden, auch als wir bekannt gaben, dass wir kein Geld mehr annehmen«, erinnert sich Chatzistefanou. Er hält sich, wie die meisten kritischen Journalist:innen, mit einem halben Dutzend journalistischer Kleinjobs über Wasser und arbeitet mit Kitidi an einer neuen Dokumentation mit dem Titel »Catastroika«. Seinen Job bei dem Radiosender Sky 99.2 hat er verloren. »Da war ich eine Art linkes Alibi, aber sowas ist heute nicht mehr angesagt«, erklärt er. »Wer gegen das Memorandum argumentiert, riskiert seinen Job.«

Wie diese oligarchische Mediendiktatur funktioniert, zeigt auch der Streik bei Elliniki Chalyvourgia. Seit dem 31. Oktober 2011 sind rund 300 Arbeiter:innen des Stahlwerks im Ausstand – doch es gibt so gut wie keine Berichterstattung in den großen Medien. Die Unternehmensführung will den Lohn um 40 Prozent kürzen und die Arbeitszeit komplett flexibilisieren – eine direkte Folge der griechischen Sparbeschlüsse, wie uns die Streikposten erzählen, die wir am Werktor an der Ausfallstraße Richtung Peloponnes interviewen. »Ich arbeite hier seit 14 Jahren und verdiene bisher tausend Euro im Monat«, sagt Charis, einer von ihnen. »Die Preise steigen, die Löhne sollen sinken, da können wir nicht mehr überleben. Also kämpfen wir.« Der Unternehmer hat die Produktion nach Volos in das zweite Werk verlagert und lehnt Verhandlungen ab. Eine Lösung ist nicht in Sicht, die Streikenden halten sich mit Lebensmittelspenden und dem Verkauf von Solidaritäts-Coupons über Wasser. Maria, eine der wenigen Frauen hier, erzählt vom Unterstützungsnetzwerk: Lehrer:innen helfen mit Gratis-Nachhilfe, Ärzt:innen mit unentgeltlicher Behandlung. »Wir sind die Vorhut der kommenden Arbeitskämpfe«, sagt Maria. »Wenn sie in der Schwerindustrie Monatslöhne von 600 Euro durchsetzen können, was sollen dann die Supermarktangestellten sagen?« Alle, die wir nach den Erfolgsaussichten und den Perspektiven fragen, zucken mit den Achseln: »Es gibt keine Alternative.« Ausgerechnet dieser Satz, der seit den Achtzigern unter dem Kürzel »T.I.N.A.« oder »There is no alternative«, wie Margaret Thatcher zu sagen pflegte, den neoliberalen Rollback begleitet hat!

Auf dem Rückweg in die Innenstadt sitzen vor allem Pakistanis,

Bangladeshi und Afrikaner:innen in dem Bus. Von den Migrant:innen ist in dieser Krise am wenigsten die Rede. Dabei sind sie es, die es am härtesten trifft. Die Bedingungen in den Auffanglagern werden noch mieser, die Jobgelegenheiten rarer, und für die Regenschirme, Taschen oder Blumen, die migrantische Straßenverkäufer:innen feilbieten, ist immer weniger Geld übrig. Die Übergriffe auf Migrant:innen nehmen zu, Nationalist:innen und Faschist:innen hetzen mehr denn je gegen die »Fremden«.

Ein paar Tage später stoßen wir auf ein Youtube-Video, das eine Delegation der faschistischen Partei Chrysi Avgi (»Goldene Morgenröte«) beim Besuch des bestreikten Stahlwerks zeigt. Ein Sprecher der rassistischen Organisation, deren Emblem eine Swastika-Stilisierung ist, kann ungehindert das Wort ergreifen. »Auch wir sind Arbeiter«, sagt der Typ mit Bürstenschnitt und Fliegersonnenbrille. Kurz darauf zeigt das Video Cristos, den Vorsitzenden des Streikkomitees, den wir interviewt haben, wie er eingerahmt von den Faschos erklärt: »Wir haben ganz Griechenland auf unserer Seite.« Auf den Lebensmittelpaketen, die die Delegation mitgebracht hat, kleben Sticker mit der Aufschrift: »Ich wähle Chrysi Avgi, um das Land vom Dreck zu befreien.« Was ist da los? Sind die Streikenden zu feige oder zu mürbe, um sich von Faschist:innen zu distanzieren? Wollen sie tatsächlich Teil einer »unnachgiebigen nationalistischen Bewegung mit völkischem und revolutionärem Charakter« sein, von der das Fascho-Video schwafelt? Uns gegenüber hatten sie ihre Nähe zur kommunistischen Partei KKE und deren Gewerkschaft Pame betont.

Eine Parole der KKE lautet: »Der Volkszorn wird die Regierung PASOK-ND zerschmettern.« Wir hören immer wieder: Die Leute nehmen es den linken Parteien übel, dass sie die Verantwortung für den Regierungssturz an die außerparlamentarische Protestbewegung delegieren, anstatt ihm auch eine parlamentarische Perspektive zu geben. »Viele Menschen, Linke, aber auch Nicht-Linke, die jetzt nach links schauen, wollen, dass die sich einigen«, sagt zum Beispiel

Alexandra Pavlou, die in Exarchia Stadtteilversammlungen mitorganisiert. Die im Parlament vertretenen linken Parteien – die KKE und das Linksbündnis Syriza sowie deren gemäßigte Abspaltung Dimokratiki Aristera (Dimar) – könnten laut Umfragen derzeit auf 42 Prozent oder mehr kommen und nach Neuwahlen die Regierung stellen. Im vollbesetzten Floral, einem linken Café, seziert ein Podium aus Journalist:innen und Unidozent:innen die Konfliktlinien zwischen den linken Parteien und innerparteilichen Strömungen. Am meisten Applaus gibt es für den Aufruf, man müsse den linken Parlamentarier:innen durch lokal verankerte Grassroots-Organisationen Druck von unten machen, damit sie endlich mit ihrem ideologischen Gezänk aufhören.

Auf lokalen Versammlungen, die überall in Athen und im ganzen Land stattfinden, haben die Leute längst begonnen, Maßnahmen gegen das Spardiktat zu organisieren. Auf der Stadtteilversammlung in Exarchia, die wir besuchen, besprechen sie einen stadtübergreifenden Boykott der neuen Sondersteuer, die mit der Stromrechnung gezahlt werden muss. Wer nicht zahlt, dem wird der Strom abgeklemmt, lautet die Drohung der Finanzbehörde. Für diesen Fall wappnen sich die neuen lokalen Netzwerke. Alexandra sagt: »Wir haben kollektiv ein Handy gekauft, da kann man anrufen, wenn der Strom gekappt wird – dann kommt ein Elektriker und klemmt ihn wieder an. Wir kleben einen Aufkleber von der Vollversammlung auf den Zählerkasten, damit niemand alleine dasteht. Es gibt viele Familien mit Kindern, die keinen Strom haben, weil sie ihn nicht bezahlen können. Und es werden immer mehr.« Es liegt ein bisschen 68er-Ambiente in der Luft von Athen: Alle scheinen überall und immer zu debattieren, dass eine andere Gesellschaft aus der Asche der Krise entstehen muss und wie man sie aufbauen könnte. Offensichtlich hält man die gerade beschlossene Übergabe der Souveränität an den supranationalen finanz-technokratischen Apparat für irreal. Sie ist es auch – und umso mehr angesichts des sich überall bildenden Widerstands dagegen.

All das verbreiten wir auf unserem Blog. Wir haben das Privileg, sehr direkten Zugang zu den Leuten zu bekommen, da einige von uns aus griechischen Familien kommen und es somit keine großen Sprachbarrieren gibt. Die größte mediale Aufmerksamkeit bekommen wir aber mit einer Aktion gegen die sogenannten eigenen Leute. Mit schnell am Vorabend unserer Abreise gemalten zweisprachigen Schildern mit Slogans wie »Zahlt erstmal eure Nazischulden, ihr Arschgeigen« oder »Griechenland verscherbeln, Not in our Name« erscheinen wir am nächsten Morgen mit unseren portablen Elektrositars als Psychosekte vor der Deutschen Botschaft und halten vor der versammelten Presse eine pathetische Ansprache. Der geübt eskalierte Tumult mit dem deutschen Botschaftspersonal endet mit dem Wurf eines hartgekochten Frühstückseis auf den deutschen Bundesadler und der anschließenden Verhaftung, die vom deutschen Botschafter an die herumstehenden Polizisten angewiesen wurde. Sie kann auch nicht durch das empörte Eingreifen des Syriza-Abgeordneten Lafasanis verhindert werden. Als wir nach ein paar Stunden wieder aus der Polizeistation herauskommen und zu Fuß zurück zum Exarchia-Platz laufen, erkennen uns Leute auf der Straße und gratulieren uns. Sie hätten die Aktion im Frühstücksfernsehen gesehen. Im nächsten Café gibt's erstmal eine Lokalrunde aufs Haus.

Das Schwabinggrad Ballet ist ein aktivistisch-künstlerisches Kollektiv aus Hamburg, das sich zur Jahrtausendwende gegründet hat, um jenseits ritualisierter linker Protestformen unerwartete Situationen herzustellen.

März 2012

IV.

Raus aus der Klasse, zurück in die Klasse

Wir kapitulieren auf allen Vieren bei gutem Rotwein, ohne uns zu genieren. Nein, nein, wir können uns nichts Besseres vorstellen, nein, als für den Rest Single oder Kleinfamilie oder beides im Wechsel zu sein. Nein, da ist kein ironischer Unterton. Wenngleich ein Weg voller Steine und Kanten lässt einen wahrscheinlich entspannter landen. War ja ne irre Zeit, aber mir ist im Nachhinein überhaupt nicht mehr klar, wie wir uns das eigentlich so gedacht hatten.

Raus aus der Klasse – Zurück in die Klasse – Rein in die Kartoffeln. Zu Haus ist's doch am schönsten.

Also noch mal: ›Tschuldigung, dass wir manchmal sogar versucht hatten, unser Erbe mit den Fäusten auszuschlagen. Sorry, sorry, sorry. Wenn's recht ist, nehmen wir jetzt doch lieber an. Es wird in guten Händen sein, versprochen. – Ja, ja, nein, nein. – Wird auch nicht wieder vorkommen. Nein, auch bei unseren Kindern nicht, lalalala. Die sind doch nicht blöd!

Raus aus der Klasse – Zurück in die Klasse – Rein in die Kartoffeln. Zu Haus ist's doch am schönsten.

Wir werden uns nicht mehr beschweren. Nicht, dass wir hier jemanden belehren wollen – nix da! Aber uns im Namen anderer zu ereifern, nee, das ist einfach nix. Zum Beispiel im Namen derer, die unsere iBooks zusammenschrauben oder unsere Anziehsachen. Wir und die, WIR und DIE? Haben doch schließlich alle was davon. Und wenn's denen reicht, müssen die das eben selber gebacken kriegen. Und dann ist's auch OK so, OK?

2006

80 Millionen Hooligans

Gestern Nacht wachte ich auf, ich hatte bös geträumt
Von tausend Toden hatte ich keinen einzigen versäumt
80 Millionen Hooligans trugen neben mir den Kopf von Egon Krenz
Sie schrieb: »Deutsche Frauen, deutsches Bier,
schwarz-rot-gold, wir stehen zu dir.«
Ich sah zwar keine Frauen, die Fahne schwarz-weiß-rot
Doch sie nannten sich das Volk, ihren Willen oberstes Gebot

Und ich und ich, mein Fleisch war
Schon nach wenigen Minuten war es gar
Es zu riechen, machte mir selbst Appetit
Würden sie mir ein Stück reichen, äß ich mit

60 Millionen Autos rollten über mich hinweg
Und ich spürte, unter mir ragten Knochen aus dem Dreck
Ich war nicht ganz sicher, aber dennoch schien es mir,
die Besitzer dieser Knochen lagen unfreiwillig hier
Sie waren wohl aus Kuba, der Türkei und Vietnam
Und die Hooligans skandierten: »Wir kriegen jeden von euch dran!«
Es herrsche schließlich Freiheit und sie wären nur so frei,
in freier Wahl zu bestimmen, wer nach Hause zu prügeln sei.

Und ich und ich und meine Hülle lag
plattgewalzt quoll raus das Knochenmark
Und was und was von meiner Fresse blieb,
waren Reifenspuren auf Fleisch wie Aspik

Dann erkannten sie den Irrtum, es beträfe ja nicht mich
Und es hob mich einer auf und er schrie mir ins Gesicht:
»Nichts für ungut, Kumpel!«, und er gab mir einen Klaps
»Wir trinken jetzt bei ALDI auf die Freiheit einen Schnaps.«
Auf den Straßen herrschte Wahlkampf, das Ergebnis stand wohl fest
Der große dicke König steht für Aldi, Bild und West

Und ich und ich und mir war,
als wären die von meiner Sorte auf einmal rar

1991

Das war unsere BRD

In lustvoll verwüsteten Räumen
Großzügig die Körper hergeschenkt
Hart an der Unverletzlichkeit arbeitend
Benennen können das Andere, das Alte

Mit Nikotinfingern und Ballerinaschuhen
Aufkleber, die die Gesinnung klären
Schambehaarung schamlos sichtbar
Im Freisein sehr ernsthaft um Wirkung bemüht

Das war unsere BRD
Unsere orangene BRD
Unsere Klimbim BRD
Unser Helmut Kohl
Das war unsere BRD
Unsere üppig junge BRD
Unsere graue BRD
Die verhasste BRD

Das Radio als Rauchzeichenmelder
Polizisten im Safari-Look
Kollektive Ängste und kollektive Krämpfe
Vereint im Konsum und im Zweifel daran

Die Gewissheit, Träger von Geheimwissen zu sein
In unentschlossenen Outfits, in ärmellosen T-Shirts
Dem Anderen begegnend in Beton-Architektur
Dem Dauergewellten, dem Erbsensuppengrünen

Das war unsere BRD
Unsere weiße BRD
Monodeutsche BRD
Unsere Petra Kelly BRD
Das war unsere BRD
Unsere brutalismo BRD
Unsere braune BRD
Die verhasste BRD

Das war unsere BRD
Heterosexuelle BRD
Unsre graue BRD
Latzhosen BRD
Das war unsere BRD
Die frivole BRD
Unsere orangene BRD
Nostalgisch verklärte BRD

2019

Gebt doch endlich zu, euch fällt sonst nichts mehr ein

Baut doch eure Mauer quer übers Meer
tut nicht so verlogen, als fiele euch das schwer
Baut doch eure Scheißmauer quer übers Land
euch fehlt's doch sowieso an Empathie und Verstand

Europäische Werte
exklusive, hochverehrte
geschickt, getrickst, erschwerte
heimtückisch verwehrte

Baut doch eine Mauer um den Scheißkontinent
Die Gefahr scheint euch real um euer scheißletztes Hemd
baut doch eure Scheißmauer quer übers Land
Mit Schießbefehl wie früher, mit allem drum und dran

Gebt doch endlich zu, euch fällt sonst nichts mehr ein
zu euren fucking Privilegien, eurem Unwohlsein
Ihr edlen Erfinder der Menschenrechte
braucht doch in Wahrheit outgesourcte Knechte

Komm Joe, mach die Musik von damals nach

Dann baut doch eure Mauer
Ihr liebt doch einfach Mauern
Baut doch eure Scheißmauern
Ein Mahnmal eurer Paranoia

Kaltherzig, senil und hypernarzisstisch
auf alter Schuld und Lügen aufgebaut
Tut, was ihr nicht lassen könnt – christlich misslich
Euer Karma ist eh schon lang versaut

Aber ihr wisst – oder solltet besser wissen – es fällt alles auf euch zurück
so steht's doch auch in eurer Scheißbibel und in anderen
Prophezeiungen überall auf der Welt
Irgendwann ist eben doch mal Zahltag – Judegement Day
Ça ira

2019

Gevatter Böhm erzählt

Da ist immer eine Pauke
Überall, zu jeder Zeit,
die uns den Weg weist
Uns stampfen lässt
Mit Starkstrom speist
Oder uns einfach nur Trost spendet
In Tempeln und in Kellern
In dunklen Provisorien
Hinter verblassten
Potemkinschen Fassaden
verlieren diese Geister
einen Moment lang ihren Schrecken

Wie uns unsre Ahnen lehrten,
tanzen wir den Christustrott
Den Atomic Fallout
Den Ruanda Shuffle
Den Corruption 2 Step
Den Verheißungswalzer
Den Neoklassizismus-Engtanz

In bedeutungsvollen Posen
Allein oder synchronisiert
Wiegen wir uns, versichern,
dass es besser wird
Und fühlen uns
Insgeheim geborgen
Da ist immer eine Bass Drum
Überall, zu jeder Zeit,
die uns den Weg weist
Uns stampfen lässt
Mit Starkstrom speist
Und uns bei der Stange hält

Wie uns unsre Ahnen lehrten,
tanzen wir den Christustrott
Den Atomic Fallout
Den Ruanda Shuffle
Den Corruption 2 Step
Den Verheißungswalzer
Den Neoklassizismus-Engtanz

2006

Der Bürgermeister

Der Bürgermeister, aha, der Bürgermeister.
Der Bürgermeister der alten Hansestadt.
Auf dem Tocotronickonzert.
Ha, der Bürgermeister, ah, ah, der Bürgermeister

Der vorherige Kanzler als Laudator
auf der Vernissage zu Ehren des alten Malerfürsten
Ja, der Kanzler. Ja, ja, der alte Kanzler
Und hinterher vielleicht ...
Ach nein, ach nein, gehen lieber einen heben

Und ich und ich und ich und ich.
Und ich und ich und ich und ich

Der Bürgermeister, ja, der Bürgermeister,
der Hauptstadtbürgermeister
Mit seinem Hofstaat in der Parisbar
am Tisch der neue Maler. Ist ja eventuell
bald dicht, dann eben nicht, dann halt im Borchardts.
Und die Maler tags darauf mit dem Oberbankier im Atelier.

Und ich und ich und ich und ich.
Und ich und ich und ich.

Der verdiente Independentmusiker am Hof
des Königs des unbeugsamen Theaters
Der verdiente, ja, ja, ja, der verdiente im Schlepptau
mit dem König und dem kontroversen Kronprinz
Und der alte Kumpel des Independentmusikers
am Nebentisch des Kaisers Karl, der sich die Ehre gibt
und extra von Paris herfliegt
Ja, ja, der Kumpel, ja, ja, der alte Kumpel

Und ich und ich und ich und ich.
Und ich und ich und ich und ich

Der Prinz von Denmark in der Backstage
in der Backstage der Electro Clash Grazien.
Ach nein, Entschuldigung, ich meine den Prinz
von Norwegen mit Prinzessin Mette.
Was ich noch zu sagen hätte.

Und ich und ich und ich und ich.
Und ich und ich

2006

Der Investor

Hey, hello, hello,
Hier spricht der Investor
Hey, hey, hey, hello,
Wir haben hier Großes vor.

Ihr seid die genialen Dilettanten,
Wir sind eure wohlhabenden Verwandten.
Ihr seid die schrägen Musikanten,
Wir sind eure wohlwollenden Tanten.

Hey, hallo, hallo,
Hier spricht der Kurator.
Hey, hey, hey, hello,
Der Investor.

Ihr seid die kreativen Diven,
Wir entziffern eure Hieroglyphen.
Wir haben auch so unsere Visionen,
In denen könnt ihr arbeiten und wohnen.

Ihr habt den Stil, wir die Verwertung.
Jetzt bitte keine unnötige Verhärtung.
Ihr seid eine unschlagbare Marke,
Unbezahlbar kostbare Artefakte.

Hey, hier bin ich, Bereitstellungsmacher,
Und einer der Möglichkeitenschaffer.
Ihr habt Gespür und ihr habt Stil,
Wir haben genau den richtigen Deal.
Ihr habt uhrwüchsigen Flair,
Wir regeln nur den Verkehr.

2013

Die Axt

Als die Axt in den Wald kam,
sagten die Bäume:
Wenigstens der Stiel
ist einer von uns
Wenn man die Toten mitzählt,
sind wir ganz schön viele
Wenn man die Toten abzieht,
sind wir viel mehr Stiele

2001

Es nervt

Den guten Willen nicht in Abrede stellen wollend.
Aber um es mal so zu sagen: Es nervt.
Der gute Wille nervt. Der verständnisvolle Tonfall,
die Sprache des verständnisvollen Nichtverstehens.
Des Richtigmachenwollens und des steifen Grinsens,
des eifrigen Nickens und die bemühten Gestures
täuschen nicht hinweg über den Graben, die Hecke, den Zaun.
Ja, ja, No Borders, aber in der Sprache jede Menge Borders,
Boring borders – boring.
Die Sprache, die sprachlos macht.
Die uns zu unseresgleichen und euch zu euresgleichen
gemacht hat und uns mit jedem Satz zwangsläufig zu
dem Anderen eben macht.
Since ages, since ages, since ages.
Die Sprache. Eine Sprache, die dann aber andernorts vom großen,
gemeinsamen Wir spricht.
Einem Wir, das ungefragt eingemeindet. Don't call us your sisters.
Und alles, damit ihr euch in eurer moralischen Überlegenheit
unter euresgleichen als etwas Besseres spüren könnt.
Wir, das edle Objekt of your projections.
Protagonistinnen eurer Schlachtengemälde.
Solange wir nicht das Falsche sagen und euch
enttäuschen mit falschen Vorwürfen und Undankbarkeit.
Since ages, since ages, since ages.
Wir, das Pure, Menschliche, Edle, Viktimisierte.
Solange wir bloß nicht das Maul aufmachen, mal so richtig aufmachen.

Aber zur Dekoration gelegentlich in eure Runden gesetzt, wohlwollend begrinst, eifrig benickt. Nur ungenügend eingeweiht in eure rätselhaften Zeichen und Spielregeln.
Geduldig ausreden gelassen und dann fortgefahren in der Sprache euresgleichen.
Since ages, since ages, since ages.

*Verfasst zusammen mit
LaToya Manly Spain*

2019

Die alte Kaufmannsstadt, Juli 2017

Es waren Tage außer Kontrolle.
Auch außerhalb der Kontrolle derer,
die dachten es wäre OK, dass sich die Weltenführer
eine Stadt unter den Nagel reißen – einfach so.
Soviel war klar unter den Bewohnerinnen und Bewohnern
der alten Kaufmannsstadt – beeindruckt war man wirklich nicht
von dieser verwegenen Gesellschaft unterschiedlicher
kotzbrockenhafter Charismatiker.

Es gab ein Geraune und ein Aufstöhnen in der Stadt
gleich nach Bekanntgabe der tollen Idee
– auf beiderlei Seiten der Barrikade.
Wer vom Fach war, wusste, was passieren würde.
Nur der Bürgermeister, er schien wirklich zu glauben, was er sagte.
Wie ein weiteres Hafenfest eben, so sollte es sein.
Seine und die anderen Pappenheimer nicht zu kennen scheinend,
eitel geblendet von der Aussicht auf den Fame mit den Weltenführern,
in die Kameras lächeln zu dürfen.

Und es kam, wie es kommen musste.
Schließlich kannten alle ihre Rolle, gut orchestriert.
Alle kannten ihre Rolle.

Die dialektisch geschulte Anwohnerin und diese Band,
genauso wie die Einheiten zusammengezogen aus weiter Ferne,
die ihren Knüppeln endlich mal wieder freien Auslauf
verschaffen wollten und die schon im Vorfeld vor lauter Vorfreude
Besatzungsmacht spielten.
Und diejenigen aus Ländern, deren sogenannter sozialer
Zusammenhalt nicht mehr überzogen ist mit dem wärmenden
Mantel des Versprechens auf Konsum.
Sie wollten Herrn Schäuble einfach mal die Möbel grade ziehn.
Ob das nun in einem Viertel passiert, in dem viele auch nicht
einverstanden sind mit dem, wie das so läuft, spielte da eher eine
untergeordnete Rolle.
Zu ihnen gesellten sich erlebnisorientierte Hipster sowie Leute
aus der Vorstadt, die wohl nie das bürgerliche Privileg haben werden,
die Verhältnisse zu hassen, die es ihnen möglich machen, in einer
schicken Altbauwohnung in einem Szeneviertel wohnen zu können.
Sie hatten definitiv auch noch eine Rechnung offen.
Und endlich mal eine geeignete Gelegenheit mitzugestalten.

Es kam, wie es kommen musste. Alle kannten ihre Rolle.

Die lokalen GenossInnen im globalen Kampf,
gegen eine irgendwie geartete Ausbeutung,
sie durften sich nicht lumpen lassen,
auch wenn manchen von ihnen Bange wurde
bei so viel Entschlossenheit auf allen Seiten.
Wie meist bei solchen Anlässen war nicht klar, ob diejenigen,
die hier diesen Kampf in symbolträchtigen Bildern ausagierten,
auch wirklich verständlich sind für die Verdammten dieser Erde,
für die sie bei solchen Anlässen ja immer zu sprechen glauben.

Die Gesichter, die man hinter den schwarzen Kapuzen
und Sonnenbrillen sehen konnte, waren weiß und meistens männlich.
Und dann waren da natürlich all jene, die glaubten die Weltenführer
ließen sich mit phantasievollen Maskeraden und klugen Sprüchen ins
Grübeln bringen.
Sie waren zahlenmäßig die meisten.

Und so begannen die Riot- und Rollenfestspiele.
Gut orchestriert, alle kannten ihre Rolle.

Welche Demo passt zu dir, passt zu mir, passt zu dieser Band?
Was die Band betrifft, Welcome to hell, denn:
the wealth of the few is hell to the others.
Soviel ist immerhin klar. Wir waren die Vorband, wir wussten, was wir taten.
Nach jenem Donnerstag kamen die Schlagzeilenjäger dann so richtig in Fahrt.
Wie immer geifernd nach dem ultimativen Bürgerkriegsszenario,
besoffen von den immer gleichen Bildern,
die letztendlich fristgerecht geliefert wurden
und die nur hinzugefügt werden mussten
zu den schon vorher geschriebenen Artikeln bigotter Empörung.
Gerne bereit, jede listig gesetzte Finte der Polizei
handlangerhaft weiter zu posaunen.

Was fehlt in der Erzählung, ist das schwer Benennbare
jenseits der Logik der Schützengräben.
Was der historische Anlass, dieser Raum abwesender Routine,
machte mit den Menschen, die sich in ihm bewegten.
Meist gut gelaunt, immun gegen die Vandalenpropaganda,
staunte man über Situationen, die sich ergeben,
wenn es kein vorgegebenes Muster gibt.
Ein Viertel, in dem für ein paar Tage die Autos verschwunden waren.

Zwischen Straßensperren: Diskussionen, Partys
unterschiedlichster Menschen.
Lustvolles Nehmen des Raumes.
Ein Rave zum Beispiel, spontan vor der alten Polizeiwache.
Ein utopischer Moment, während ein paar Straßenzüge weiter
gerade die Bilder produziert wurden, auf die alle Beteiligten
hingearbeitet hatten.

Und dann war da noch diese Bürgerin des besseren Viertels,
die völlig aufgelöst die Fernsehkameras wissen ließ,
sie wisse und verstünde gar nicht, woher dieser ganze Hass käme.
Zeigt ihre Fassungslosigkeit nicht, wie umfassend ihr Alltag
von jeglicher Gewalt verschont zu sein scheint?
Zeigt diese Fassungslosigkeit nicht, dass dieser Zustand der Idylle
vielleicht nur möglich ist, weil die hier abwesende Gewalt
anderswohin ausgelagert ist?

2019

Unter der Fuchtel des Unterbewussten

Zusammengeschustert, gezimmert und gerafft
Zusammengehauen mit dem, was man
eine eigene Geschichte nennt
Mit dem, was grad mal zur Verfügung steht.
Mit dem, was man denkt, was zur Verfügung stände
An Biographie und an Erinnerung.

Das Ich zusammengebastelt und getackert
und konstruiert auf Basis wahrer Anhaltspunkte,
wager Anhaltspunkte, magerer Anhaltspunkte
Auf fragwürdigen Selbstgewissheiten

Ein Kartenhaus aus Defiziten
Eine Lehmhütte aus Menschheitsmythen
Ein Vogelkäfig voller guter Absichten
Eine Tiefgarage verinnerlichter Pflichten
Unter der Fuchtel. Unter der Fuchtel – Der Fuchtel

Primärtriebe, Sekundärtriebe, Partialtriebe, lustvolle Hiebe
Begierden und Affekte, die eindringen
Das fragile Gebilde zum Wanken bringen.
Auf verschlungenen Pfaden beharrlich weiter waten
Verwundbar das Ich, verwoben, unverhohlen
Verwundet und geschunden, unumwunden
Vom Über-Ich an den nächsten Pfahl gebunden

Regression, Verdrängung, Konversion
Das Erlebnismaterial wartet schon
Reaktion, Projektion, Kompensation
auf den großen Moment der Sublimation
Rationalisierung, Autoagression

Wem nur, wem ließe sich die Kindheit in Rechnung stellen
In Anbetracht all der Verletzungsquellen

Ein Kartenhaus aus Defiziten
Eine Lehmhütte aus Menschheitsmythen
Ein Vogelkäfig voller guter Absichten
Eine Tiefgarage verinnerlichter Pflichten

Das Unbewusste ist ein scheues Reh, das zu verschwinden weiß,
wenn es brenzlich wird
Das Unterbewusste ist ein schlaues Reh, das zum Monster wird,
wenn an der Nase rumgeführt

Unter der Fuchtel. Unter der Fuchtel – Der Fuchtel.

Abwehrpsychosen, Charakterneurosen,
Zwangsneurosen, Affektpsychosen.
Hysterische, phobische, anankastische
Unbehagen, schuldbeladen.
Hilflose Äußerungen in Hasstiraden
Rettung in die Grandiosität

Die Trauer unverwunden, der Trauerklumpen,
im hintersten Winkel der Garage verschwunden
Der schuldige Körper, das Ich
Die Mutter, die Schuld, der Körper
Das unschuldige Kind, der Vater

Und so weiter und so weiter in der Verletzungskette
Immer weiter und weiter. Immer weiter

2013

Immer diese Widersprüche

Immer diese Widersprüche,
Widersprüche, Widersprüche
Immer diese Widersprüche
Widersprüche, Widersprüche

Ich bin mindestens ein Schurkenstaat
und zwei Schuldmaschinen
und eine Telefonzelle
voller H&M-People

Die schönste Zeit meines Lebens
war leider im Filmriss
8 Jahre Realzeit
hab ich dafür gesessen
oder besser gebüßt
und wie besessen vergessen

Ich denke in Ansprachen im Hamsterrad
auf meinem Weg nach oben und hege Verdacht
Verdacht auf Verrat und dann geh ich nach Innen
und misstraue letztendlich den inneren Stimmen
Später, weiter unten wird mir dann klar,
mir fehlen Beweise für dieses Mal

Immer diese Widersprüche,
Widersprüche, Widersprüche
Immer diese Widersprüche
Widersprüche, Widersprüche

Ich bin zwei Schuldmaschinen
und ein Schurkenstaat
und der große Grinser
auf Canossa-Fahrt
Die schönste Zeit meines Lebens
war leider im Filmriss
2 Wochen Redezeit
hab ich gehasst,
die Stimme eingebüßt
und dann den Einsatz verpasst

Beim Orden der sanften Überredungskunst
bescheinigen die Brüder mir gute Führung
Wir machen Picknick im Kaufen, deklinieren Konfessionen,
besprechen Warzen und Depressionen
Es geht gut, liebe Mutter, mach dir keine Sorgen
die verdammte Welt schiebt ihr Wägelchen ja doch weiter durch
die Geschichte

Immer diese Widersprüche,
Widersprüche, Widersprüche
Immer diese Widersprüche
Widersprüche, Widersprüche
Und dann noch mehr Zweifel
Die ganzen Selbstzweifel

2001

Ich verblühe

Ich verblühe, ich verblühe, seht, wie ich verblühe
Ich verblühe, ich verblühe, seht, wie ich verblühe
Ich verbrühe, ich verbrühe mich – ich verbrühe
Ich verblühe, ich verblühe, seht, wie ich verblühe

Als mittelständischer Warhol, in meinem Selbstverwaltungsalltag
An Tagen ohne Tageszeit und epochefreien Jahren
Wünsch ich mir ein Riefenstahlbad
Oder ein andres Erweckungserlebnis
Oder eine Propaganda der Tat
Oder wenigstens eine Butterfahrt

Ich verglühe, seht, wie ich verglühe
Er verglüht, er verglüht
Ich verblühe, ich verblühe, seht, wie ich verblühe
Er verblüht, er verblüht
Ich verblühe, ich verblühe, seht, wie ich verblühe
Er verblüht. Er verblüht
Ich verbrühe, ich verbrühe – mich
Ich verbrühe
Er verglüht, er verglüht.

Wo bleibt mein Platz in der Bedeutung?
Das Talent stets vor die Säue geschmissen
Immer Ärger mit den Körpern
Und mit anderer Leute Gewissen
Mein Rechercheshaker sagt mir
und mein Charakterplan.
Mein Bauchgefühl, dass es so nicht gut gehen kann.

Ich verblühe, ich verblühe, seht, wie ich verblühe
Er verglüht, er verglüht
Ich verglühe, ich verglühe, seht, wie ich verglühe
Er verblüht, er verblüht
Freilaufende Kühe – ich verblühe, ich verblühe
Er verglüht
Wozu die ganze Mühe,
ich verbrühe mich, ich verbrühe.

2019

Editorische Notiz

Alle Texte wurden von Ted Gaier für diesen Band überarbeitet. Sie sind in den letzten zwanzig Jahren teils unter anderen Titeln in folgenden Verlagen, Zeitungen und Zeitschriften erschienen: ak – analyse & kritik (S. 175), De:Bug (S. 95), Die Zeit (S. 67, 109), Junge Welt (S. 105, 125, 131), Musikexpress (S. 115, 128, 128), Spex (S. 88, 101) Szene Hamburg (S. 50), taz, die tageszeitung (S. 27), WOZ Die Wochenzeitung (S. 11, 21, 33, 42, 53, 60, 118, 135, 160), Ventil Verlag (S. 77), Verbrecher Verlag (S. 151).